THE
SMART
더 스마트

정진호·최준오 지음

THE
SMART

| 뉴노멀 시대의 슬기로운 팀장생활을 위한 워크 트랜스포메이션 |

더 스마트

정진호·최준오 지음

PlanB DESIGN 플랜비디자인

일을 못하는 직원들의 놀이터는 없다

전문가들의 놀이터

팀장을 비롯한 리더들은 전문가들의 놀이터와 같은 즐거운 일터를 만들고 싶어 한다. 팀원들도 이런 리더들의 바람에 동의한다. 그러나 많은 조직과 팀이 이런 지향을 현실화시키지 못하고 있다. 팀원들의 성장은 더디기만 하고 즐거운 일터는 만들어지지 않는다. 팀원들은 놀이터를 만들어주지 않는 리더에게 불만을 표시하고 리더는 전문가로 성장하지 못하는 팀원들을 탓한다. 나는 조직문화 컨설팅 프로젝트를 다년간 진행하면서 깨달은 사실이 있다. 성과를 내지 못하는 직원들이 있는 한 즐거운 일터는 만들어지지 않는다는 사실이다.

직원들의 고용을 책임지지 못하고 충분한 보상을 주지 못하는 기업은 놀이터가 아니라 전쟁터가 된다. 그렇다면 좋은 성과를 내는 조직은 즐거운 일터를 만들 수 있을까? 좋은 성과를 낸다고 하여 저절로 즐거운 일터가 되는 것은 아니다. 가능성은 있지만 즐거운 일터를 지향해야 가능하다. 그래서 일을 못하는 직원들의 놀이터는 단정적으로 없다. 프로 스포츠에는 FA(Free Agent, 자유계약선수)가 되어 고액의 다년계약을 체결하는 프로선수가 있다. 능력 있는 에이전트가 고액의 다년계약을 성사시키기기도 한다. '먹고 튄다'는 뜻의 먹튀라는 말이 있는데 고액의 계약을 해놓고는 성과를 내지 못하는 선수를 말한다.

성과를 못 내면서 돈을 많이 벌면 과연 즐거울까? '비전문가의 놀이터'가 된 상황이다. 이런 선수는 질시와 비난을 받다가 연봉 삭감을 당하거나 방출되는 게 운명이다. 기업에서 일하는 대다수 직원들은 이런 상황이 생길 수가 없다. 다년 계약도 파격적인 고액 연봉도 가능하지 않다. 결국 전문가가 아닌 사람, 성과를 내지 못하는 직원들에게 놀이터는 가능하지도 않고 가능해서도 안 된다. 일을 못하고 성과를 내지 못하면서 회사가 놀이터가 되기를 바란다면 꿈을 깨라.

팀장이 되어 축하도 받지만 위로도 받는다

요즘 직장인들은 본인이 팀장이 되는 것을 긍정적으로 생각할까? 혹은 긍정적으로 받아들일까?

'노력의 결실로 팀장이 되고 월급도 오른다면 좋지 않을까?'라는 생각이 들겠지만 과연. 팀장에게 지급하는 팀장수당은 얼마나 될까? 여러 기업을 조사한 결과 월 30~50만원 정도였다. 연봉제에서는 각종 수당이 의미가 없으니 실질적으로 팀장수당이 없는 경우도 많았다. 과거에는 팀장수당이 말 그대로 팀장 직책을 맡은 대가로 의미가 있었다. 급여는 인상이 되어야 맛인데, 대부분 기업에서 최근 10여년 팀장수당을 인상한 사례가 거의 없다. 팀장수당을 받기 위해 팀장을 맡는 사람은 없을 것이다. 고작 30~50만원 더 받자고 어려움을 무릅쓰고자 하는 사람은 없다. 큰 의미 없는 팀장수당 받자고 실적 책임은 물론 윗사람 챙기고 아랫사람 챙기는 힘든 일을 하고 싶어 하지 않는다.

팀장은 직원으로서 맡게 되는 최초의 중간관리자로서 지시와 인사평가를 통해 직원들에게 영향력을 행사하는 자리였다. 회사 내에서 처음 권력을 얻는 자리였다. 과연 지금도 팀장 중에 권력을 얻었다고 생각하는 사람이 있을까? 지금은 말 그대로 샌드위치 신세다. 임원은 쇼 미 더 머니!(show me the money), 성과를 내라고 압박하고 팀원들은 쇼 미 더 워라밸!(show me the work & life balance), 워라밸을 보장하라고 요구한다. 균형 잡기가 쉽지 않다. 임원에 맞추면 정치적이라고 비난하고 팀원에게 맞추면 팀원들 대변하는 노조 대변인이냐고 비아냥을 듣는다. 정확히 위아래에 5:5로 맞춰야 할까? 정확히 균형을 맞춘다는 것도 비현실적이지만 5:5 정확히 배분하는 것도 정답은 아니다. 각각에 정확히 맞는 방법론을 가져야 한다. 위아래만 맞춰서는 안 되고 동료인 다른 팀장과의 관계도 중요하다. 팀장이라는 엄청난 부담에 비해 팀장수당은 동기부여가 전혀 안 된다. 팀장은 권한이나 돈을 보고 맡는 자리가 아니다. 애사심과 동료애를 가지고 헌신하는 자리다.

청동기시대에서 철기시대가 되었는데
아직도 돌도끼를 사용하고 있는 리더들

이왕에 희생정신을 가지고 조직과 동료들에게 헌신하는 팀장의 역할을 맡았다면 결과가 좋아야 한다. 청동기시대에서 철기시대가 되었는데 아직도 돌도끼로 수렵과 채집을 한다면 굶어죽기 십상이다. 누가 뭐라고 하던 내 길을 가겠다는 말이 개인에게는 멋있을지 모르지만 이 사람이 조직의 리더라면 상황이 달라진다. 철기로 무장한 부족에게 가족과 부족이 몰살당할 수도 있고 그들의 노예가 될 수도 있다. 기업의 일하는 환경이 너무나 빠르게 변하고 있다. 일하는 방식도 청동기시대를 넘어 철기시대가 되었는데 돌도끼를 사용하는 석기시대 팀장들이 있다. 팀장은 배워야 한다. 일을 잘하는 방법을 배워야 하고 소통 방법을 배워야 한다. 리더십에 대한 수만 종이 넘는 책이 나왔다. 대다수의 리더십 책은 결국 팀장 리더십이다. 문제는 예전에 있던 리더십 이론이 통하지 않는다는 점이다. 하나의 이론만으로 문제를 해결하기 어렵다. 깊이 있는 분석을 통해 답을 찾는 것도 말이 안 된다. 시간과 변화가 빠르기 때문에 진득하게 문제에 직면하고 탐색하고 답을 찾으면 늦다. 다양한 방법과 해결책을 배우는 게 더 실제적이다. 방법과 해결책을 찾는 시간이라도 줄여야 한다. 이 책이 현장에서 찾은 다양한 방법과 해결책을 제시하는데 집중하는 이유다.

이 책은 다양한 방법과 해결책을 아는 멘토 팀장이 성과를 내고 싶어 하는 팀장의 질문에 답변하는 형식으로 구성했다. 그래서 프롤로그와 에필로그를 제외하고는 경어체를 사용했다.

디지털 전환, 근로시간 단축, 세대차이

제1장, 위기에 대응하는 슬기로운 변화생활은 변화관리에 대한 내용이다. 디지털 트랜스포메이션(Digital Transformation, DT)은 예고된 변화다. 2025년이 되면 기업 환경에서 로봇, 빅데이터, 인공지능(Artificial Intelligence, AI)의 활용이 일상화될 것으로 예상되었다. 그런데 예측 못한 코로나19는 예고된 변화를 5년 정도 앞당겨 버렸다. 결국 예측하지 못한 시대가 와버린 것이다. 워크 트랜스포메이션(Work Transformation, WT)도 마찬가지다. 2018년 7월부터 300인 이상 기업을 대상으로 주52시간의 근로시간 단축이 시행되었다. 급격한 시행에 부담을 느끼는 중소기업을 배려하여 시행시기를 연기하고 계도기간을 두고 있지만 이미 대부분 기업 환경은 야근과 휴일근무가 없는 근로시간 단축 시대에 들어와 있다.

여기에 세대차이 이슈가 크게 부각되고 있다. 기성세대와 차별화된 밀레니얼세대와 함께 Z세대까지 기업에 속속 진입하고 있다. 디지털 환경에 익숙하고 사고방식도 디지털화된 디지털 원주민이 직원들의 다수를 차지하고 있다. 실무자는 대부분 밀레니얼Z세대라고 봐도 과언이 아니다. 이 책의 주요 독자층인 팀장 대부분은 X세대인 기성세대들이다. 팀장들에게 디지털 전환, 근로시간 단축, 세대차이는 위협적이다. 아날로그, 장시간 근로, 상명하복과 수직적 조직문화라는 익숙한 것과 제대로 결별하고 바르고 좋게 팀을 이끌어야 한다.

할 일은 많은데 일할 시간이 없다

제2장, 자발적으로 몰입하는 슬기로운 업무생활은 일하는 방식 개선에 대한 내용이다. 저성장, 초경쟁 시대는 해야 할 일이 많다. 그런데 근로시간 단축으로 해야 할 일은 많은데 일할 시간이 적다. 해야 할 일은 많은데 일할 시간이 적으면 어떻게 대응해야 할까? 일을 하지 말아야 하는 것은 아니다. 불필요한 일을 하지 말아야 한다. 하지만 그게 전부가 아니다. 꼭 필요한 일을 해야 한다. 팀장과 팀원 모두, 우리 팀이 불필요한 일을 하지 않고 꼭 필요한 일을 해야 한다. 일에 집중하고 성과에 집중하는 팀을 만들어야 한다. 여기에 세대차이라는 복병이 있다. 변화는 계속되고 대처할 시간은 적은데 상황을 보는 관점과 대처하는 방법이 다르다. 관점과 방법이 다르기 때문에 일을 하는 과정에서 불필요한 갈등이 생기고 일을 더디게 만든다. 그라운드룰이 있어야 한다. 존이구동(尊異求同)의 자세가 필요하다. 다름을 인정한 가운데 같은 것을 찾아 모두가 합의하

는 행동원칙을 만들어야 한다. 앞으로 일하는 방식은 자율에 기반하여 책임을 다하는 것이 되어야 한다.

자율은 팀원도 원하고 무엇보다 일할 시간이 부족한 팀장에게 꼭 필요한 원칙이다. 팀장이 자율을 주려면 팀원들이 팀장이 생각하는 목표와 우선순위를 잘 알고 실천해야 하는 것이 필수다. 목표와 우선순위를 어떻게 통일할 것인지가 과제다. 이러한 세 가지 원칙이 워크 트랜스포메이션의 기본원리다. 워크 트랜스포메이션을 팀 단위에서 구현하는 것이 팀 행동원칙이다. 팀 구성원 모두가 공감, 참여, 합의를 통해 팀 행동원칙을 만들고 지키는 것이 필요하다.

업무 성과를 내는 제대로된 소통이 필요하다

제3장, 모두가 즐거운 소통생활은 조직 내 구성원과의 소통에 대한 내용이다. 조직문화 컨설팅 프로젝트를 하다보면 빠지지 않고 나오는 말이 '소통'이다. "소통이 안돼요." 프로야구 중계를 보다가 깜짝 놀랄 이야기를 들었다. 유망주 신인투수가 포수의 사인을 받고 고개를 좌우로 젓는 모습을 보고 투수 출신 해설자가 "라떼는 말이죠. 신인투수가 저러는 건 상상도 못할 일입니다. 저게 맞는 모습이지만 말이죠."라고 말했다. 타자를

상대하는 것은 투수인데 투수가 나이가 적다고 나이 많은 포수가 하라는 대로 해야 한다는 게 말도 안 되지만 나 때는 그랬다는 이야기다. 투수가 고개를 아래로 숙이거나 좌우로 젓는 것이 일종의 소통이다. 투수와 포수는 왜 소통할까? 좋은 성과를 내기 위해서다. 그렇다면 소통이란 무엇인가? 소통은 세 가지가 있다. 정서적 소통, 업무적 소통, 가치적 소통이다. 정서적 소통은 쉽게 인간적으로 소통하는 것이다. 업무적 소통은 일을 잘하기 위한 소통이다. 가치적 소통은 가치관을 일치하는 것과 같은 한 차원 위의 소통이다.

혹시 우리는 인간적 배려나 관계를 중시하는 것만을 소통이라고 생각하지 않았을까? 일을 잘하기 위한 업무적 소통과 가치관의 통일과 같은 한 차원 높은 가치적 소통은 소통이 아니라고 생각한 것은 아닌가? 넷플릭스는 그들이 가장 중요하게 생각하는 것을 담은 컬처북에 '우리는 가족이 아니라 프로 스포츠팀이다'라고 쓰고 있다. 인간적 배려나 관계가 나쁘다는 이야기가 아니다. 밀레니얼Z세대, 상사, 부하, 동료 등 팀장은 다양한 관계의 중심에 있다. 소통이 중요하다고 말할 때 우리는 어떤 소통을 말하는 것인지 진지하게 생각해 볼 대목이다.

성과는 목표를 넘어설 수 없다

제4장, 성과를 창출하는 슬기로운 조직생활은 어떻게 조직을 이끌 것인가에 대한 내용이다. 팀장에게 보고를 하는 중에 팀원들이 종종 듣는 말이 있다. "그래서 결론이 뭔데!", "그래서 핵심이 뭔데!", "무슨 얘기를 하고 싶은 거야!" 물음표처럼 들리지만 말문이 막히는 이야기다. "얼마나 답답하면 이렇게 말할까!"라고 할 문제가 아니다. 두 가지 문제가 있다. 첫째, 말을 중간에 끊는 상황이다. 둘째, 팀원이 팀장에게 보고를 할 때 어떻게 말하라는 그라운드룰이 정립되지 않은 상황이다.

하수의 특징은 자기가 무엇이 부족한지 조차도 모르는 것이다. 이래 놓고는 팀원을 탓하는 팀장이라면 앞으로 자발적 몰입과 열정은 기대하지 않는 게 맞다. 성과는 결코 목표를 넘어서지 못한다. 목표를 넘어선 성과를 냈다면 목표를 낮게 잡은 것이다. 팀원들이 높은 성과를 거두려면 목표를 높게 잡아야 한다. 높은 목표를 세우라고 압박하지 마라. 틀을 정해주고 채우게 하면 된다. 노력하면 할 수 있는 일상적 목표, 문제해결을 통해 할 수 있는 문제해결 목표, 도전과 혁신으로 하고 싶은 도전적 목표를 세우도록 틀을 제시하고 채우게 하면 된다. 결국 목표를 세우고 성과를 내려면 제대로 일을 해야 한다. 일상적 목표, 문제해결 목표, 도전적 목표에 대해 해야 할 일을 3가지씩만 적게 하면 된다. 그리고 목표는 구체적으로 측정가능하게 일정을 제시하도록 요구해야 한다.

다양한 방법과 해결책을 제시한다

이 책이 소개하는 워크 트랜스포메이션은 필자가 처음 사용한 표현이지만 그 내용이 필자만의 독특한 창조물은 아니다. 많은 기업의 임원, 팀장, 팀원들과 만나 공유하고 토론하고 함께 만들어낸 결과물이다. 사례나 근거가 없는 주장은 최소화하려고 노력했다. 책에 소개된 방법론을 바로바로 적용해 보고 맞지 않으면 버리고 효과가 있으면 더 잘 활용되도록 노력하기 바란다. 이 책을 내는데 도움을 준 두 명의 전문가들에게 감사인사를 드린다. HSG 휴먼솔루션그룹 한철환 본부장은 인생의 멘토이자 성과관리 분야의 스승이다. 우리는 인생, 가족, 일 등 다양한 주제에 대해 대화를 나누지만 가장 많은 대화는 '어떻게 성과를 창출할 것인가?'라는 주제다.

이 책의 많은 내용은 그에게서 얻은 정보와 영감에서 나왔다. 이 책은 코로나 19가 한창이었던 2020년 상반기에 집필을 시작했다. 현장 경험을 바탕으로 글을 쓸 때 가장 큰 고민은 이

것이 정말 현업에 도움을 줄 수 있을까에 대한 걱정이다. 공저자인 더밸류즈 최준오 교수는 이런 고민을 완벽하게 덜어 주었다. 대기업에서 10년 넘게 팀장으로 일한 경험을 바탕으로 원고를 검토하고 사례를 보강해 주었다. 그가 없었다면 이 책은 세상에 나오지 못했을 것이다. 코로나19로 어려운 시기에 힘과 위안이 되어준 친구이자 동지에게 감사의 마음을 전한다.

코로나19로 판이 바뀌었다. 판이 바뀌었을 때 가장 중요한 것은 무엇이 바뀌었고 어떻게 해야 하는지를 배우는 교육이다. 이 한 권의 책이 리더들에게 교육의 기회가 되길 바란다.

정진호

CONTENTS

PART 3
모두가 즐거운
슬기로운 소통생활

PART 4
성과를 창출하는
슬기로운 팀장생활

PART 1
위기를 돌파하는
슬기로운 변화생활

변화는 예측하는 것이 아니라
대응하는 것이다

생산 계획을 세우고 장비와 시스템을 점검하고 직원 교육도 마쳤습니다. 그런데 해외에서 수입하던 부품이 수출 제한으로 들어오질 못하니 공장을 운영할 수가 없습니다. 신제품을 개발하고 광고와 프로모션 준비까지 완료했는데 갑작스런 신종 바이러스의 창궐로 인해 고객을 만나지 못해 영업 할 방법이 없습니다. 앞으로 우리 사회와 기업 현장은 이러한 예기치 못한 상황에 지속적인 위기를 겪게 될 가능성이 높습니다. 기업 내부로 눈을 돌리더라도 세대 간 직원 간의 갈등, 부서 간 협업의 미비, 경영층의 잘못된 의사결정에 따라 애초 계획한 일이 수포로 돌아가는 일이 발생할 수도 있습니다. 마찬가지로 팀 내부로 관점을 좁히더라도 다양한 변수로 인해 전망과 예측이 무색해 질 수 있습니다. 완벽을 추구하던 계획이 사업 기회를 제약할 수 있고, 철저한 준비라는 명분으로 시간을 허비하다가 시기를 놓칠 수도 있습니다. 이러한 상황에서 필요한 것이 바로 적응적 성과를 높이는 조직문화와 조직을 이끄는 팀장들의 적응 리더십입니다. 하지만 상황에 시의적절하게 적응한다는 것이 임기응변으로 대응한다거나 원칙 없이 아무렇게나 한다는 의미는 아닙니다. 절대적이면서 일관된 원칙과 기준을 바탕으로 유연하고 협력적인 문화를 만들어야 합니다.

첫 번째. 답변을 부탁해!
"완벽한 계획이 성과를 만드는 게 아닌가요?"

팀장들이 굳게 믿는 말이 있습니다. "성과를 내기 위한 출발은 완벽한 계획이다." 그런데 "계획을 세웠는데 계획대로 되는 일이 없다"라고 하면서 "계획을 잘못 세운 것 같은데 어떻게 하면 잘 세울 수 있을까?"를 고민합니다. 우리가 대전제로 생각하는 "완벽한 계획이 성과를 만든다."라는 말은 현재도 통용되는 진리일까요?

연초에 수립한 사업계획의 결과가 연말만 되면 예상한 것과 다르게 차이가 많이 납니다. 특히 예측과 전망은 상당 부분 틀리는 경우가 많습니다. 엉뚱한 상황이 발생해서가 아니라, 예상보다 강한 강도, 빈도와 같은 것들로 달라지는 것이죠. 바뀌지 않는 것이 하나 있다면 '위기'라는 상황일 것입니다. 그래서 가장 리스크가 없는 예측과 전망은 '위기 상황'일 것입니다. 예측과 전망이 맞지 않는 이유는 바로 '변수' 때문입니다. 전 세계를 강타한 신종 코로나 바이러스의 창궐은 사업 계획을 무의미하게 만든 '변수'였습니다. 앞으로도 핵, 기후 변화, 새로운 바이러스 등은 언제든 예측하지 못한 변화를 만들 변수들입니다. 그래서 완벽한 계획을 맹신하는 태도는 위험할 수 있습니다.

전설의 헤비급 세계챔피언, 핵주먹이라 불린 마이크 타이슨이 했던 명언이 있습니다. "누구나 그럴듯한 계획을 가지고 있다. 얼굴을 크게 한 대 맞기 전까지는."(Everyone has a plan, until they get punched in the mouth) 라고요. 마이크 타이슨은 만 19세에 세계챔피언에 오른 전설이죠. 키는 불과 178센티미터로 헤비급 선수로서는 작은 키였습니다. 37연승, 19연속 KO를 이루어 냈고 패배를 모르는 복서였죠. 구설수에도 많이 올랐고 홀리필드의 귀를 물어뜯어 '핵이빨'이라는 불명예를 얻기도 했죠. 무하마드 알리와 더불어 전설의 복서 반열에 오른 사람이었습니다. 그런 사람조차도 전략이나 계획을 세우고 링에 오르지만 실전에서는 전략이나 계획이 불필요함을 역설적으로 말을 한 것이죠.

사업을 해서 성과를 낸다는 것은 두 가지 유형으로 살펴볼 수 있습니다. 하나는 전술적 성과라고 부르는데요. 전략이나 계획을 잘 세우고 환경 분석과 함께 조직적 시스템을 제대로 활용할 때 나오는 성과입니다. 다른 하나는 적응적 성과입니다. 변수가 생겨 계획이 무의미해졌거나 실패했을 때 계획과 달리 탄력적으로 운용했을 때 나오는 성과입니다. '우리 팀이 적응하여 해결하느냐?' 아니면 '꼼짝 못하고 실패하느냐?'를 보여주는 것입니다. 옛날 얘기가 되었지만 저 경쟁, 고 성장

시대에는 전술적 성과가 중요합니다. 하지만 초 경쟁, 저 성장 시대에서는 전술적 성과를 간과할 수 없지만 적응적 성과에 더 주목해야 합니다. 적응적 성과를 만들려면 조직문화가 중요합니다. 경직되지 않고 유연하고, 활기차고, 협력적이어야 합니다. 요즘 시대 같이 다양한 돌발 변수가 생기고 초 경쟁, 저 성장의 경영환경에서는 좋은 전략과 완벽한 계획만을 고집하면 기대한 성과를 거둘 수 없습니다. 예측 되지 않는 상황에서는 실패 가능성이 높을 수밖에 없습니다. 계획이 실패했을 때 그대로 얼어붙어 꼼짝달싹 못 하는 것이 아니라 그것을 풀어내는 능력을 가진 최고의 팀을 만들어야 합니다.

두 번째, 답변을 부탁해!
"철저한 준비가 성과를 만드는 게 아닌가요?"

팀장들이 더 굳게 믿는 말이 있습니다. "철저한 준비가 성과를 만드는 것 아닌가요?" 물론입니다. 모든 일이 대충 준비해서 좋은 성과를 낼 순 없겠죠. 하지만 팀의 모든 역량을 투입해서 준비했는데 한 번의 실패로 지금까지의 모든 노력이 물거품이 되어서 다시 시도할 기회조차 잃어버린 경우가 더 큰 문제라고 할 수 있습니다.

1,000여개의 매장을 가진 유통업체가 물류센터를 확장하게 되었습니다. 혼란이 생기면 큰 손실을 입는 상황이라 철저한 준비 끝에 약속된 당일이 되었습니다. 입출고와 배송 준비상황은 98%로 완벽에 가까운 준비를 마쳤습니다. 그런데 물류센터 오픈 당일, 문제가 발생합니다.

　전산 시스템, 물류 창고, 운송 현황, 매장 등이 서로 꼬이기 시작하더니 매장에는 품절이 발생하고 창고에는 재고가 넘치는 상황이 됩니다. 이를 해결하기 위해 무려 3개월 동안 직원들은 자신들의 차로 직접 배달을 하는 등 응급 대응을 하게 됩니다. 나중에 사태에 대한 문제점을 분석해 보니, 모든 물류센터를 한 번에 이동하지 말았어야 했다는 것입니다. 철저한 계획을 바탕으로 한 번에 모든 일을 해결하려는 계획에 큰 차질이 생긴 것입니다.

　이처럼 철저한 준비로 한 번에 성공을 거두려는 전략은 때때로 실패할 수 있습니다. 인류 최초의 비행기를 만든 사람은 누구일까요? 라이트 형제입니다. 사실 이들은 비행기를 최초로 만들었다기보다 최초의 비행을 성공시켰죠. 1903년 12월 17일 비행거리 36.5미터, 비행시간 12초. 하늘을 날고 싶다는 인류의 꿈을 이룬 동력 비행기 플라이어 1호가 비행에 성공한 날입니다. 당시 비행 프로젝트는 라이트 형제만 한 것이 아니었습니다. 하늘을 날겠다는 인류의 꿈은 당대 최고의 물리학자이자 스미소니언재단 간부인 랭글리 박사가 성공 할 가능성이 더 높았습니다. 정부가 엄청난 자금을 지원했고 활용할 수 있는 자원도 많았습니다. 무엇보다 랭글리 박사가 당대 최고의 전문가였습니다. 오히려 라이트 형제는 아무도 관심을 가지지 않은 사람들이었습니다. 형 윌버 라이트와 동생 오빌 라이트는 자전거 수리점을 운영하는 자영업자였습니다. 물론 라이트 형제는 비행기에 관심이 많고 엄청난 독서광이었습니다. 또 자전거 수리점에서 기계 동작 원리를 잘 아는 사람들이었습니다. 랭글리 박사와 라이트 형제 모두 여러 번의 실패를 경험했습니다.

그렇다면 어떻게 무명의 발명가 형제가 정부의 전폭적인 지원을 받는 유명 과학자를 이길 수 있었을까요? 랭글리 박사는 철저한 계획을 바탕으로 연구를 실시했습니다. 전체적인 그림부터 세부 단계까지 철저히 계획했고, 그 조건들이 갖춰져야 다음 단계로 진행했습니다. 랭글리 박사는 사회적으로 너무나 많은 관심을 받았기에 실패에 대한 두려움이 컸고 엄청난 투자를 한 비행기 단 한 대 만을 가지고 시험을 했습니다.

반면 라이트 형제는 세세하게 계획을 세우기보다 바로 실험에 돌입했습니다. 다만, 실패원인을 분석해서 개선한 후 지속적인 시험을 했습니다. 그리고 실패 가능성이 높기 때문에 한 번 시험할 때마다 여러 대의 비행기를 가지고 시험을 했습니다. 라이트 형제는 천 번이 넘는 시험을 통해 시행착오와 개선을 반복하게 됩니다. 결국 최후의 승자는 라이트 형제가 되고, 랭글리 박사는 후세에서 기억하지 못하게 됩니다. 랭글리 박사가 17년 동안 매달려도 해결하지 못한 것을 라이트 형제는 단 4년 만에 이뤄냅니다.

우리 팀 역시 작은 실패에 익숙한 문화를 조성해야 합니다. 작은 실패는 구체적인 피드백을 통해 개선하는 것이 중요합니다. 실패를 인정하지 않는 문화는 구성원들로 하여금 도전 의식 자체를 가지지 못하게 할 것입니다. 작은 실패를 용인하고 이를 개선하기 위해 함께 고민하는 문화, 지속적인 도전의 문화를 만드는 것이 필요합니다. 큰 성과를 만들기 위해 철저한 준비로 한방에 해결하겠다는 생각에만 올인 한다면 어떻게 될까요? 현대의 복잡다단한 기업 환경에서는 거의 도박에 가깝습니다. 기업 환경의 불확실성과 변동성이 크기 때문입니다. 따라서 실패 상황을 반전시킬 수 있는 조직문화의 힘을 키우는 것이 필요합니다.

"물 들어올 때 열심히 노를 저어야 하는 게 아닌가요?"

팀장들이 가진 변함없는 믿음이 있습니다. "큰 변동성으로 상시 위기 상황이기 때문에 상황이 좋을 때 모든 역량 집중해서 실적을 쌓아야 하지 않을까요?"을 '물 들어올 때 노 저어라'는 말이 있듯이 잘 될 때 최선을 다하고 어려울 때는 쉬고…?" 우리가 많이 들어본 속담이긴 한데요. 물 들어 온다고 열심히 노를 젓다가 쓰러지면 안 되겠죠?

국내 굴지의 화학회사 이야기입니다. 매년 9월이 되면 전 직원의 절반에 해당하는 신규 직원을 뽑습니다. 여름철에 보일러실 같은 곳에서 일을 하는데 내부 온도가 섭씨 50도를 넘어 너무 더운 거예요. 거기다가 수요가 겨울철보다 훨씬 많아 생산량을 맞추기 위해 야근, 특근까지 합니다. 7~8월 직원들이 일을 하고 나면 너무 지쳐서 상당수의 인원이 퇴사를 합니다. 9월에 직원을 뽑아 교육을 시키고, 겨울철에는 작업공간이 오히려 따뜻하고 생산량도 적으니 잘 다니다가 여름철이 지나면 또 퇴사를 하는 일이 반복된다는 것입니다.

결국 여름철에만 생산성이 좋고 나머지 시기에는 생산성이 떨어지는 불안정한 상황의 연속이었습니다. 나중에 컨설팅을 받아 생산량을 연간 일정하게 맞추면서 이런 상황은 해결하게 되었다고 합니다.

현존하는 경영학의 대가 중 한 명인 짐 콜린스의 저서 'Great by Choice'(우리나라에도 '위대한 선택'이라는 이름으로 번역된 책)에서는 세계 최초로 남극대륙을 정복한 아문센 이야기를 소개하고 있습니다. '20마일 행군 이론'으로 소개가 되었는데요. 1911년 10월 남극점 최초 도착을 놓고 세계적인 탐험가 노르웨이 아문센과 영국 스콧이 세기의 대결을 벌입니다. 결과는 12월 14일 아문센의 완승으로 끝납니다. 당초에 상황은 스콧이 유리해 보였습니다. 엄청난 자금력을 바탕으로 55명의 대규모 대원, 엔진 썰매, 러시아산 망아지에 짐을 싣고 출발을 합니다.

이에 비해 아문센은 개썰매 전문가와 숙달된 스키어 9명의 대원으로 출발합니다. 스콧팀은 베이스캠프를 떠난 지 5일 만에 엔진이 얼고 망아지들은 동상이 걸려 죽어버립니다. 대원들은 100킬로그램이 넘는 썰매를 직접 끌면서 배고픔과 추위를 견뎌내며 전진을 합니다. 반면 남극이라는 겪어보지 못한 불확실성 속에서 아문센팀은 스콧팀과는 완전히 반대 방식으로 행군을 합니다. 아문센팀은 어떤 상황에서도 매일 20마일 씩 이동해 예정된 일정 안에 도착하는 방식을 택합니다. 날씨가 좋든 나쁘든 상관없이 항상 20마일을 목표로 일정한 페이스로 이동합니다. 그러나 스콧팀은 달랐습니다. 날씨가 좋을 때는 대원들이 지쳐 쓰러질 때까지 행군합니다. 날씨가 나쁘면 며칠 동안 텐트에서 움직이지 않고 불만과 걱정으로 시간을 보냅니다. 결국 스콧팀은 아문센보다 3개월 늦게 남극점에 도착했고 실망을 안고 돌아가다가 대원 전원이 얼어 죽는 비극적 결말을 겪게 됩니다.

변화무쌍한 남극 날씨에 탄력적으로 적응하려는 스콧의 대응이 좋을 것 같지만 혼란을 초래할 수도 있습니다. "이 날씨가 좋은 건지, 나쁜 건지" 사람마다 느끼는 것이 다르고 "오늘은 날씨가 좋은데 몇 마일을 갈 건지, 오늘은 날씨가 안 좋은데 몇 마일을 갈 건지"… 계속된 혼란의 연속이 됩니다. 이러한 상황에서 일관성 있는 원칙을 정하고 준수하는 것은 혼란을 막아주는 기능을 합니다. 여기서 "적응적 성과라는 것과 모순이 생기는 것 아닌가요? 원칙은 전술적 성과에 해당하는 것이 아닌가요?"라는 질문이 있을 수 있습니다.

우리가 여기서 혼동하지 말아야 하는 점이 있습니다. 유연하게 대응한다는 것은 원칙 없이 임기응변을 하는 것이 아니라 어떠한 상황에서도 일관성있게 적용되는 원칙과 기준이 있어야 한다는 것입니다. 이것이 있어야 다양한 상황에서 유연한 대응이 가능하게 되는 것입니다. 다시 한 번 정리하면, 적응 리더십을 발휘하기 위해 잊지 말아야 할 점은 상황에 구애받지 않는 절대적인 '일관성 있는 원칙과 기준'입니다.

변화대응,
분석하지 말고 행동하라

퇴근 후 담당 임원으로부터 전화가 왔습니다. "대표님께 급하게 보고를 해야 하니 준비를 해 달라"는 지시입니다. 팀장은 직원들 모두 퇴근한 뒤라 머리가 하얘집니다. 잠시 머뭇거리고 있으니 "무슨 문제 있어요? 박 과장 담당이니까 연락해서 준비 좀 하라고 하세요."라고 하면서 임원은 전화를 끊습니다. 팀장은 박 과장에게 전화를 하려고 머뭇거리다가 이내 마음을 접습니다. 요즘 세상에 퇴근한 직원에게 어떻게 연락해서 업무 지시를 하나⋯ 집으로 노트북을 가져가 새벽까지 보고서를 준비합니다. 퇴근 후 직원에게 업무지시를 하는 팀장은 요즘 거의 없습니다. 업무지시는 물론 업무연락도 아주 급한 일이 아니면 자제하는 것이 요즘 팀장의 일하는 방식입니다.

퇴근 후 집에 있는데 팀원에게서 전화가 옵니다. "고객사에서 컴플레인이 왔는데 해야하야 하나요?"라고 묻습니다. 담당자 스스로 판단해서 조치를 할 수 있는 일인데도 굳이 연락해서 고민거리를 안겨주네요. 갑자기 울컥하는 마음이 생깁니다. "니들은 시도 때도 없이 연락하면서 나는 긴급한 일인데도 연락도 못하고 내가 다 책임을 져야 하는데… 에휴, 니들이 상전이다."

근로시간이 단축되면서 업무 환경에 큰 변화를 가져왔습니다. 일은 하나도 줄어들지 않는데 일할 시간이 없습니다. 임원은 지시하면 그만이고 팀원들은 업무종료 시간에 맞춰 퇴근하면 개인 생활을 누릴 수 있지만, 팀장은 중간에서 모든 책임을 져야 합니다. 팀장이니까. 팀장은 타인을 통해 성과를 내는 사람입니다. 그래서 업무 환경의 변화는 무시할 수 없는 큰 변수가 되었습니다.

"시간이 갈수록 성과압박이 더 지속되는 이유는 무엇인가요?"

조직에서 처음으로 공식적 의사결정 권한을 가지는 팀장. 직장인이라면 누구나 오르고 싶은 자리겠죠? 그런데 요즘 분위기가 많이 바뀌었습니다. 팀장이 되면 축하인사를 받지만 아이러니하게 팀장이 되지 않아도 축하를 받습니다. 고참 실무자로 있으면 팀장에게 존중을 받으면서 힘들지 않게 일하는데 팀장이 되면 팀 전체성과도 책임져야 하고 조직관리도 해야 해서 힘들기 때문이죠. 팀장들 중에는 팀장 경험이 오래된 사람도 있고 그렇지 않은 사람도 있는데 베테랑 팀장조차도 힘들다는 이야기를 많이 합니다. 성과 압박이 크기 때문입니다. 그렇다면 시간이 갈수록 성과 압박이 더 지속되는 이유는 무엇일까요?

임원을 '직장인의 꽃'이라고 이야기한 때가 있었습니다. 과거에는 '별을 단다'고도 표현했는데요. 요즘은 분위기가 다릅니다. 임원은 임시 직원이라는 말처럼 고용도 불안하고 성과압박도 큽니다. 게다가 요즘 임원들은 방향성 제시뿐만 아니라 의사결정, 때로는 실무도 많이 합니다. 그러면 팀장은 어떨까요? 예상대로 팀장도 마찬가지입니다. 인사고과, 의사결정,

업무배분 등 많은 권한이 있는 것 같지만 권한이 실제로는 부담인 경우가 많습니다. 게다가 실무비중도 높아지고 조직관리에 대한 책임을 전담하다시피 합니다. 영업팀이라고 영업성과만 높이면 되고, 생산팀이라고 해서 생산량과 품질을 맞추고, R&D라고 해서 연구개발만 잘하면 되는 게 아닌 거죠. 성과관리는 물론 일하는 방식, 커뮤니케이션, 조직문화 등 사람과 조직 관련한 모든 것에 책임을 져야 합니다. 경험이 쌓이고 리더십이 강해지는 것보다 성과압박은 더 빨리 커지게 됩니다. 이것은 기업 환경의 변화 그리고 세상의 변화와 관련이 깊습니다.

　매년 발표되는 각 기업 신년사에 빠지지 않는 말이 무엇일까요? "임직원 여러분, 작년 한해 수고했습니다." 맞아요. 이것이 꼭 들어가죠. 이어 '위기'라는 말이 바로 따라 나옵니다. 그리고 "변화해야 한다."로 마무리 됩니다. 위기와 변화는 매년 나오는 말인데 이 말이 리더들에게는 상당한 압박이죠. 위기와 변화가 계속 언급되는 이유는 경영의 불확실성과 관련이 깊습니다. 예측이 안 되니까 위기인 것이죠. 예측이 안 되는 것이 위기인 이유는 저 성장, 초 경쟁 때문입니다. 이 상황을 잘 표현한 말이 바로 수축사회입니다. 수축사회의 반대는 팽창사회입니다. 고도성장기를 말하는데 지금 상황과는 거리가 있죠. 〈수축사회〉는 전 미래에셋대우의 홍성국 대표이사가 쓴 책으로 현대 사회와 기업 환경을 거시적으로 이해하는데 도움이 되는 책입니다.

저자는 책에서 수축사회를 '뒷문에 늑대, 앞문에 호랑이가 버티고 있는 상황'이라고 표현했습니다. 듣기만 해도 심각한 느낌이 들죠. 기업 환경도 뒷문에 근로시간 단축이 있고, 앞문에 세대차이가 있다고나 할까요? 수축사회를 표현할 때, '배가 난파되어 두 사람이 무인도에 떨어졌는데 무인도에는 오로지 한 명만 생존할 수 있는 음식과 물품이 있는 상황'이라고 합니다. 갑갑하죠. 이 책에서는 수축사회의 5가지 특징을 설명하고 있습니다. 팀을 이끄는 리더로서 참고하면 좋을 것 같습니다.

첫째, 원칙이 없는 이기주의

일단 개인들은 나부터 살자는 이기적인 성향이 강해집니다. 배려, 존중도 부족해지기 십상입니다.

둘째, 모두가 전투 중인 상태

만인에 의한 만인의 투쟁입니다. 그런데 전선이 단순하지 않습니다. 팀장-팀원이 아니라 팀원 중에서도 기성세대 선임 팀원과 젊은 팀원, 능력과 권한이 있는 선임 팀원과 능력과 권한이 없는 선임 팀원 간의 갈등, 여러 계층들의 갈등이 뒤얽힌 입체적인 전선이 형성됩니다. 그런 반면 서로가 공동운명체로 상호의존적인 관계가 형성되기도 합니다.

셋째, 눈앞의 승리만 급급한 미래실종

'앞으로 몇 년 후에는' 같은 이야기가 통하지 않고 '연말에 우리 팀이 달성해야 할 성과'와 같은 말도 통하지 않는 것이죠. 특히 젊은 구성원들에게 미래에 대한 말들이 통하지 않은 경우가 종종 있습니다. 작은 전투에는 승리하는 듯 보이지만 결국 전쟁에서 패배하는 상황이 많이 발생합니다. 구성원들이 개인의 이해 득실을 주장하다가 저성과 팀으로 전락하는 경우죠.

넷째, 팽창사회를 찾아서 집중화

최근 샤인머스켓이라는 망고맛 나는 고급 포도가 인기입니다. 일반 포도보다 가격이 두세 배 비싼데요. 너나없이 샤인머스켓을 심고 있죠. 시간이 지나면 공급과잉과 과도한 경쟁으로 인해 팽창사회가 수축사회로 바뀌게 될 수 있습니다. 팀에서도 마찬가지죠. 어렵고 도전적인 일을 하는 것이 아니라 기존의 안정적인 일만 하려고 할 수 있죠.

다섯째, 경쟁심화와 심리게임

가만히 있으면 당한다는 생각에 사람들은 머리를 너무 굴립니다. 수축사회의 특징은 좋은 이야기가 아닙니다. 불편하지만 어느 정도 현실화가 되어 버렸습니다. 하지만 변화된 사회적 특성과 기업 현장에 미치는 영향을 생각하고 슬기롭게 대응하는 자세가 필요합니다.

많은 팀장들은 시간이 부족하다고 합니다. 시간이 부족해서 직원들과 소통할 시간이 없고 역량이 떨어지는 직원을 도와줄 여유가 없다고 합니다. 임원의 호출이 있는 경우, 상당한 부담을 느낍니다. 부정적인 피드백을 받을까 염려되어서가 아니라 시간이 부족하기 때문입니다. 팀장은 시간 내에 일을 끝내야 하는 실무자도 아닌데 시간 압박을 크게 느낍니다. 왜 팀장들은 항상 시간에 허덕일까요?

2018년 7월 근로기준법 개정에 따라 300인 이상 기업을 대상으로 근로시간 단축이 시행되었습니다. 물론 6개월 계도기간 유예가 있었습니다. 2020년 1월부터는 50인 이상 300인 미만 기업에도 근로시간 단축이 시행되었습니다. 1년 계도기간 유예를 두었고요. 이제는 거의 대부분 기업이 근로시간 단축 적용을 받게 된 상황입니다. 근로시간 단축은 일 8시간, 주 5일 기준으로 주 40시간까지 일을 할 수 있는 것입니다. 근로시간 단축이 하루아침에 찾아온 것은 아닙니다. 몇 년 전부터 대기업 중심으로 대비를 했고 야근이 줄어들어 큰 충격을 받지 않은 기업도 많습니다. 분명한 사실은 대부분 직원이 주말에 일하는 경우가 많이 없어지고 저녁에 일하는 횟수도 줄었다는 점입니다. 물론 임원, 팀장은 비공식적으로 야근과 주말근무를 하고 있는 실정이기도 합니다.

이렇듯 변화된 업무 상황에서 야근과 주말근무를 못한다는 점이 중요한 것이 아닙니다. 일하는 환경이 근본적으로 바뀌어야 한다는 점을 의미하는 것이죠. 근로시간 단축이 있기 전, 직장인들은 아침부터 저녁까지 일하면서 때론 회식도 많이 했고요. 잠을 자기 위해 잠시 집에 다녀오고 주말에는 밀린 개인 일이나 부족한 잠을 보충하기도 했습니다. 삶의 가장 중심에 회사와 일이 있었습니다. 지금 직장인들, 우리 팀원들은 저녁시간에 무엇을 할까요? 통계를 보면, 20대 직원들은 운동을 많이 한다고 합니다.

친구들을 만나기도 하고 넷플릭스, 유튜브 등을 보면서 시간을 보냅니다. 저녁 내내 온라인 게임을 하는 직원도 있겠죠. 30대 중 결혼을 한 직원들은 자녀들을 돌보는데 집중합니다. 아이들과 놀아주면서 책을 읽어 주고 학원에 데려다 주기도 합니다. 4-50대는 취미생활, 자기계발 등을 주로 합니다. 퇴근 후 저녁에는 회사와 일을 생각하지 않고 개인이 중심 되는 삶을 영위하는 것이죠. 예전 직장인과의 가장 큰 차이는 일과 삶의 조화를 철저하게 추구한다는 점입니다.

근로시간 단축 시대에 직원들의 하루는 보통 회사 8시간, 개인과 가족 8시간, 수면 8시간입니다. 하루 중 회사와 일은 절반 이하의 비중을 차지합니다. 장시간 근로시대처럼 저절로 회사와 일에 몰입할 수밖에 없는 상황이 아니다 보니 개인 삶의 영역에서 업무로의 모드 전환이 원활해야 할 것입니다.

이제는 출근한 후 업무 모드로 바로 전환해서 8시간 제대로 몰입하는 것이 중요해졌습니다. 기존 근로시간에 맞춰 일하는 방식을 변화된 상황에 맞게 어떻게 바꿀 것인지, 그리고 일하는 방식을 어떻게 지속적으로 개선할 것인지도 중요한 이슈가 되었습니다. 주어진 시간 안에 성과 달성을 위한 소통과 협력 역시 중요한 이슈로 부각되었습니다. 갈등이 있는 경우 빨리 발견해 신속하게 해결하는 것 역시 중요해졌습니다. 근로시간 단축은 단지 일하는 시간이 줄었다는 점 외에도 그로 인해 생기는 많은 문제와 이슈를 이해하고 해결책을 모색해야 하는 것입니다.

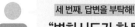

"변화시도가 한 템포 씩 늦은 이유는 무엇인가요?"

조직 내에서 문제를 해결하거나 미래를 위한 변화를 시도할 때 항상 늦는 이유는 무엇일까요? 결과 역시 미흡한 까닭은 무엇일까요? 아마도 문제에 대한 인식이 늦기 때문일 것입니다. 일을 하다보면 시간이 지체될 수 있지만, 문제 인식이 늦다보니 대처가 너무 늦어진다는 것이죠. 그 결과 역시 기대 이하인 경우가 많습니다. 뾰족한 해결 방법이 없을까요?

우리나라에 주식회사가 만들어진 지 어느덧 100년이 넘었습니다. 일제 강점기와 한국전쟁을 지나 현대적인 기업이 만들어진 지도 7~80년이 지났습니다. 기업들은 그간의 변화와 위기 극복을 위해 무수한 경영혁신을 시도했습니다.

우스갯소리로 가장 효과를 본 경영혁신 방법론으로 '등산'과 '회식'을 꼽기도 합니다. 예를 들어 볼게요. 팀장이 조직 내 위기를 감지합니다. 팀원들의 이직이 생기고 서로 간의 갈등과 늦은 일처리, 협업 부족 등 걱정이 너무나 많습니다. '왜 그럴까?' 라고 다방면으로 고민합니다. 본인의 리더십 문제, 회사의 문제, 고참 직원들의 문제, 일하는 방식 문제 등 많은 영역에서 문제와 원인을 분석합니다. 물론 많은 시간이 걸렸겠죠? 해결책을 찾았는데, 바로 단합을 위한 회식이었습니다. 아니면 워크숍. 심지어는 매주 등산을 하는 곳도 있었죠. 결국 회식하고 워크숍 등을 수시로 했지만 변화는 성공하지 못합니다. 여기에는 이유가 있습니다.

조직은 개인이 아니라 집단이기에 개인의 상황처럼 생각나는 대로 실행을 할 수는 없겠죠? Analysis-Plan-do-see. 우선 분석을 시작합니다. 분석 작업이 부족하면 대충, 주먹구구식으로 한다며 위로부터 질책을 받으니까요. 그런데 너무나도 분석을 많이 합니다. 분석이라는 것도 제대로 하려면 전문가가 있어야 하는데 그렇지 못한 경우가 다반사죠. 일하는 방식이나 조직문화 역시 제대로 하려면 이것도 전문성이 있어야 합니다. 특히, 사업부서 같은 경우에는 전문가도 없고 팀장도 이 부분에는 전문성이 없기는 마찬가지일 것 입니다. 그러다 보니 분석도 어렵고 시간도 오래 걸리게 됩니다.

시간이 오래 걸리다 보니 예기치 못한 문제가 생기기도 하고, 상황이 더 악화되어 분석 자체가 무의미해지기도 합니다. 미궁을 헤매다가 나온 결론 역시 단편적이고요. 이건 기업 전체로 확대해 보아도 마찬가지입니다. 이런 접근법을 분석 중심의 접근법이라고 합니다. 그렇다면 다른 해결방법은 없을까요?

이제는 해결책 중심의 접근법이 필요합니다. 원인 분석보다는 결과 이미지를 생각하고 어떤 해결책이 있는지를 신속하게 찾은 후 바로 시도하는 것입니다. 그리고 그 해결책이 잘 실행될 수 있는 방법에 역량을 집중하는 것이죠. 개인적인 사례인데요. 어느 날, 팔순 어머니가 넘어지시는 바람에 응급실에 간 일이 있었습니다. 일을 하다가 연락을 받고 허겁지겁 병원으로 향했죠. 저녁에 도착했는데 아들, 딸, 며느리, 사위, 손자, 손녀까지 10여 명이 병원 로비에 있더군요. 왜 응급실에 들어가지 않는지 물어보니 요즘은 환자 1인에 보호자 1인만 응급실에 들어갈 수 있도록 법령이 바뀌었다고 합니다.

응급실에 들어가니 사람도 별로 없고 혼잡스럽지도 않았습니다. 의사는 친절하게 설명해 주고 간호사는 가까이에서 어머니를 잘 보살펴 주었습니다. 과거 응급실은 종합병원의 골칫거리였습니다. 아픔을 참지 못하고 소리치는 사람, 여러 명의 보호자들이 여기저기에서 의료진과 다투는 보호자들, 피곤에 절은 의사, 100미터 달리기 하듯이 이리 뛰고 저리 뛰는 간호사들. 이런 걸 흔히 도떼기시장 같다고 하죠. 물론 그동안 많은 병원들이 응급실 개선을 위한 노력을 해왔습니다. 의사 친절 5계명, 간호사 업무수칙 등 친절하고 철저한 의료 서비스를 위해 교육하고 이것저것 부착하고 구호제창도 했지만 응급실 풍경은 별로 달라지지 않았습니다.

2016년 보건복지부령으로 감염병 예방을 위해 응급실 출입

금지 조치를 만들었는데, 그 결과 응급실의 거의 모든 문제가 일시에 해결됩니다. 이처럼 위기, 변화 대응은 해결책 중심이 되어야 합니다. 분석은 이런 상황에서 큰 의미를 주지 못합니다. 응급실 입구에서 경비용역 업체 직원이 매의 눈으로 명찰을 차지 않은 보호자의 출입을 철저히 통제합니다. 이는 해결책이 어떻게 하면 잘 실행될 것인가에 대한 대응인 것이죠. 조직관리에서 우리가 유념할 부분입니다. 분석 중심의 방식을 해결책 중심으로 바꾸고, 해결책이 잘 실행되도록 지속적으로 노력하는 것이 중요하다는 것입니다.

근로시간 단축 시대에 직원들의 하루는
회사 8시간, 개인과 가족 8시간, 수면 8시간이
보통의 상황입니다. 이제 하루 중 회사와 일은 절반 이하의
비중을 차지합니다. 장시간 근로 시대처럼 저절로 회사와
일에 몰입할 수 밖에 없는 상황이 아니다 보니
개인 삶의 영역에서 업무로의 모드 전환이
원활해야 할 것입니다.

리더의 회복탄력성

위기를 겪으면 사람은 스트레스를 받게 됩니다. 원시시대, 맹수가 오면 도망가는 게 최선의 상황일 때부터 스트레스라는 것이 있었다는 말도 있죠. 스트레스란 위험한 상황에서 도망가기 위해 온 신경이 집중된 상태를 말하는데 이것이 반복되면 아주 힘들겠죠. 역경의 상황에서 스트레스가 생긴다는 말이기도 합니다. 역경을 자주 언급해서 좋은 건 아니지만, 지금 같은 어려운 환경에서 쓰러지지 않고 잘 버티는 게 중요하니 예방주사 차원에서 이야기하겠습니다.

요즘 역경 없이 힘들지 않은 사람은 없죠?

경제가 어려울 때 직장인들이나 사업하는 분들 모두 어려움이 있어요. 월급이 밀리거나 나오지 않거나, 현재의 직업을 유지하지 못한다는 불안감 등이 있죠. 불경기에는 사람들이 자기 몸이 아프지 않다고 생각한답니다. 그래서 병원이나 약국도 매출이 준다고 하죠. 이제는 역경에 대한 생각을 바꿔야 합니다. 역경은 누구에게나 수시로 찾아오는 현실이 되었죠. 게다가 사람의 수명이 늘어 역경은 더 많이 올 겁니다. 그래서 중요한 건 필연적으로 여러 번 오는 역경을 대하는 태도 같아요.

역경이 왔을 때 좌절하지 않고 극복하려면 어떤 태도가 필요할까요?

역경이 왔을 때 '좌절하지 말라'는 이야기는 틀린 말일 수 있습니다. 역경이 왔을 때 좌절하지 않는 사람은 없죠. 좌절을 당연하게 받아들이지 않는다면 출발부터 문제가 있는 거죠. 좌절 후가 중요한 것이죠. 예를 들어 취업에서 계속 떨어지면 누구나 좌절하죠. 직장을 타의에 의해 그만두는 것도 마찬가지고. 정년퇴직 하는 분들도 일하고 싶은데 일자리가 없어 좌절합니다. 좌절하는 건 당연한 것입니다. 본인의 마음이 약해서가 아닙니다. 문제는 어떤 사람의 좌절은 일시적인데, 어떤 사람은 오래도록 좌절감을 이겨내지 못해 고생한다는 겁니다. 그래서 똑같은 역경을 겪지만 좌절을 이겨낸 사람에게 '역경은 위장된 축복'이라고 합니다.

좌절하는 것은 땅에 떨어지는 공과 같이 어떤 사람은 유리공처럼 바닥에 떨어져 깨져버리지만, 다른 사람은 고무공처럼 다시 튀어 오릅니다. 고무공처럼 튀어 오르는 것을 회복탄력성이라고 합니다. 긍정심리학의 창시자인 펜실베니아대학교의 마틴 셀리그먼 교수가 그 이름을 붙였는데, 회복탄력성은 본성적인 부분도 있지만 학습이나 훈련을 통해 길러진다고 합니다. 이는 몸의 근육처럼 마음의 근육을 키우는 것을 의미합니다. 근육이 생겼으면 좋겠다는 마음에 결심을 한다고 해서 다음날 바로 근육이 생기는 것은 아니겠죠? 마음의 근육도 마찬가지입니다. 긍정적인 생각으로 자신감을 가지겠다는 마음을 먹는 것만으로는 안 되는거죠. 목표를 정하고 마음의 근육을 키우는 활동을 지속적으로 해야 합니다.

이를 위한 세 가지 활동을 소개하겠습니다.

① 긍정성을 가지는 것입니다.
'감사 제목 쓰기'를 빼먹지 말고 매일 쓰는 겁니다. 이는 부정적인 물 근육을 없애고 긍정적인 근육을 키우는 것이죠.

② 일에 몰입하고 열정을 다하는 것입니다.
일은 인생의 반입니다. 일은 그냥 하는 것, 먹고 살기 위해 하는 것이 아니라 내가 하는 일의 의미와 가치에 대해 분명한 입장을 가지고 하는 것입니다.

③ 인생의 나머지 반, 사람관계에 관심을 가지고 탄탄하게 하는 것입니다.
먼저 본인의 사람관계를 백지에 모두 써 보는 것입니다. 멘토, 선후배, 친구부터 일을 하면서 만난 좋은 관계, 지금 일에 필요한 사람, 도움 줄 사람, 내가 도와줄 사람 등 여러 가지 그룹이 나오면서 현재 본인의 사람관계가 눈에 보일 것입니다. 그 후에 사람들을 넓히는 것도 필요하고, 또 강화해야 할 것도 보일 것입니다.

팀장의 역할,
실적이 아니라 성과다

10여 년 전 처음 팀장을 맡았을 때 팀장이라는 자리를 맡은 내가 대단해 보였습니다. 역시 나는 능력 있는 사람이라고 생각했죠. 첫 출발은 좋았던 것 같습니다. 구성원들과 서로 기대감을 가지고 좋은 분위기에서 시작했습니다. 하지만 직원들을 제대로 이끌지 못했습니다. 신임 팀장 교육을 받았지만 현장에서 써 먹기는 어려움이 있었죠. 게다가 실적도 부진했습니다. 상사에게 질책을 받기 시작했고 그 상황이 계속 되었습니다. 업무에 부담을 느끼는 것인지 팀원들은 열심히 일하지 않는 것처럼 보였고 나를 존중하지 않는 것처럼 보였습니다.

나는 밀려 있는 업무를 하기 위해 밤 늦게까지 일하고 주말에도 일을 해야 했습니다. 가족과 즐거운 시간을 보내거나 어린 자녀들을 돌 볼 엄두도 내지 못했습니다. 너무나 힘든 시간이었습니다. 결국 1년 만에 팀장 자리에서 내려오고 회사도 그만두게 되었습니다. 돌이켜보면 나는 새로운 팀의 업무와 사람을 전혀 장악하지 못했습니다. 1년 동안 팀원들을 올려다보며 일을 한 것 같습니다.

또 다시 기회가 오게 되어 새롭게 팀을 맡았습니다. 나는 업무를 완전히 장악하고 있었고, 팀원들은 내가 한 명 한 명 뽑은 사람들이었습니다. 팀원들에게 나는 절대적인 존재였고요. 언젠가 팀원 한 명이 퇴사하면서 팀장님에게 보고를 하러 가면 가슴이 두근거리고 무서웠다는 고백 아닌 고백도 들었습니다. 팀은 내가 원하는 대로 움직였고 성과도 나쁘지 않았습니다. 승진해서 더 큰 일을 맡게 되었습니다. 돌이켜보니 팀원들과의 유대감은 거의 없었습니다. 나는 몇 년 간 팀을 맡으면서 오로지 팀원들을 내려다 본 것 같습니다. 이제 또 새로운 팀을 맡게 되었습니다. 이제는 팀원들을 어떻게 바라 봐야 할까요? 과거 직장에서 팀장으로 일하면서 겪었던 일이 떠오릅니다.

"A급 실무자였던 내가 C급 팀장이 된 이유는 무엇인가요?"

우리의 홍길동 팀장은 고민입니다. 실무자 때는 일을 잘한다고 팀장과 임원에게 인정받고 팀장으로 승진까지 했습니다. 그런데 팀장을 맡고 나서부터 팀은 실적 저조, 팀 분위기는 엉망이 되었습니다. 팀원들은 팀장이 왜 그렇게 일을 못하는지 모르겠다고 말합니다. 그러다보니, 팀원들은 팀장의 말을 잘 듣지도 않습니다. A급 실무자였던 홍길동 팀장, C급 팀장이 된 이유는 무엇일까요?

스포츠 세계에서 흔히 스타플레이어가 감독이 되면 팀이 성과를 못 낸다는 말이 있죠. 가상의 설정이지만 손흥민 선수가 감독이 되어 공격수를 보면서 "왜 70미터 단독 드리블이 안 되지?", 류현진 선수가 감독이 되어 투수를 보면서 "패스트볼 같은 체인지업을 왜 못 던지지? 왜 그게 안 되는지 이해가 안 가."라고 말하는 상황인거죠. 우스갯소리고요. 스타플레이어 중에 지단 같은 유능한 축구감독도 있고 그렇지 않은 사람도 있는 거죠. 중요한 사실은 유능한 실무자가 무능한 팀장이 될 가능성도 생각보다 꽤 높다는 사실입니다.

'피터의 법칙'을 들어보셨나요? 미국 남가주대학교의 교수였던 로렌스 피터(Laurence J. Peter) 교수가 정리한 이론인데요. 많은 실무자들이 조직에서 승진을 통해 리더가 된 후 실패하는 현상을 정리한 겁니다. 〈The Peter Principle: Why Things Always Go Wrong?〉이라는 이름으로 레이먼드 헐(Raymond Hull)과의 공저로 1968년 출간되었는데, 보통 '피터의 법칙'이라고 부릅니다. "수직적인 계층 조직 내에서는 모든 직원이 경쟁력 없는 직책으로 승진하는 경향이 있고 다수의 직책이 그 역할에 맞지 않는 직원들로 채워지는 경향이 있다. 결과적으로 직무수행 능력이 부족한 직원들이 맞지 않는 직책을 담당하게 된다."고 말하고 있습니다. 풀어서 보면 직원들은 본인의 능력이 고갈될 때까지 승진하려는 경향이 강하다는 말이기도 하죠. 직원들은 업무능력을 입증하는 한 계속 승진하다가, 결국에는 전문성이 없는 자리까지 맡게 된다는 것이죠. 결국 직무수행 능력이 부족한 직원들이 조직 내 고위직을 차지하게 되는 결과를 초래하게 된다는 말입니다. 조직에서 이런 경우를 많이 보게 되었을 것입니다. 우리가 생각해 볼 부분은 홍길동 팀장의 사례 또한 '피터의 법칙'으로 설명될 수 있을까요? 이 부분은 해결 할 수 없는 법칙인 것일까요?

승진을 하면 역할과 책임이 달라지고 필요한 역량이 바뀝니다. 하지만 다들 준비가 안 되어 있고 과거 성공했던 경험을 고집하는 데서 나타나는 일반적인 현상을 가리킬 것입니다. 일반적으로 사원부터 경영자까지 직급이나 직책이 올라감에 따라 요구되는 역할과 역량이 다르다고 합니다. 흔히 리더십 파이프라인이라는 말로 많이 설명되었죠. 실무자 때는 업무수행 능력이 중요하지만, 리더가 되면 대인관계 능력이나 권한위임 등과 같은 사람에 대한 역량이 중요해 집니다. 모드를 전환하지 못하면 과거에 자신이 했던 역할이나 자신이 강한 영역이나 능력을 고수하는 경향이 강한 거죠.

리더의 필수역량은 한 마디로 '타인을 통해 성과를 내는 능력'이라고 하겠습니다. 팀장은 팀원을 통해 성과를 내는 사람이라는 말이겠죠? 어떻게 해야 할까요? 우선 새로운 역할에 맞는 새로운 능력을 기르기 위한 노력을 기울여야 하겠죠. 처음 팀장을 맡는 경우, 사전 정보도 부족하고 준비도 안 되어 있는 경우가 많습니다. 특히 사람을 움직이는 지식과 스킬을 기르기 위해 학습을 하거나 팀장 경험을 먼저 한 선배들의 조언과 도움도 필요합니다.

"어차피 문제가 생기지 않으면 팀도 잘 관리되는 것 아닌가요?"

우리의 홍길동 팀장은 하루하루가 너무 힘이 듭니다. 시설관리 팀장을 맡고 있는데 24시간 발생하는 문제에 대한 의사결정을 본인이 다 해야 하는 상황입니다. 퇴근 후 밤 늦은 시간에도 팀 원에게서 연락이 오고 심야에 부랴부랴 사무실로 나가는 일도 종종 있습니다. 홍길동 팀장은 우리 팀의 역할이 그러니 어쩔 수 없다고 생각합니다. 그를 아끼는 사람은 그렇게 일을 하면 안 된다고 말하지만 이런 일을 맡은 것도 본인의 운명이라 생 각합니다. 어차피 문제가 생기지 않으면 팀장으로서 제 역할을 하는 것이라고 자위하며 말이죠.

홍길동 팀장의 이야기는 제가 교육에서 만난 사례였습니다. 그는 본사 사옥의 시설관리팀을 맡고 있는 팀장이었습니다. 24 시간 가동되는 건물이지만 팀원들은 정규 근무시간에만 일하 고 나머지는 당직으로 필수인력들을 순환시키며 운영하고 있 습니다. 시설이 노후화 되다보니 엘리베이터, 기계식 주차장 시설, 주차 차단막 등 장비들이 고장이 잦습니다. 정규 업무시 간이야 여러 직원들이 있으니 신속하게 대처가 되지만, 일과시간 이후 비상 상황이 발생했을 때에는 모든 연락이 팀장에게 옵니다. 근로시간 단축이 시행되고 나서는 더더욱 직원들에게 업무 지시를 할 수 없으니 모든 책임을 팀장이 집니다. 종종 밤새 시달리고 정상 출근해서 일하자니 도저히 못하겠다는 하소연을 합니다.

홍길동 팀장은 시설관리팀 업무만 20년 넘게 한 사람입니다. 일을 한 세월이 있는지라 웬만한 기술적인 문제는 본인이 해결할 수 있고, 시설관리팀의 업무는 손바닥처럼 잘 압니다. 문제는 일을 원활히 하기 위한 조직 시스템을 전혀 갖추지 않은 것입니다. 팀장도 직장인이라 이렇게 업무를 계속 할 수는 없을 것입니다. 일하는 방식과 환경 등의 조직 시스템을 갖춰야 하고 팀장 밑에는 부장, 차장, 과장 중에서 각 영역별 그룹장, 파트장을 하는 사람이 있어야 합니다. 아마 팀원들에게 이런 역할을 제대로 부여하지 못했을 것입니다. 그러다 보니 본인은 아플 틈도 없다고 말합니다. 아마도 이런 팀장이라면 이 일을 맡을 팀장도 찾기 쉽지 않을 것 같습니다. 제가 본 느낌은 마치 '무능한 순교자'를 보는 것 같았습니다.

결국 무능한 순교자는 팀도 망치고 팀장 자신도 망치고 팀원도 망치게 됩니다.

무능한 순교자가 되지 않으려면 어떻게 해야 할까요?

첫째, 팀원들에게 책임감을 심어줘야 합니다. 중간에 파트장이나 그룹장이 있음에도 모든 책임을 팀장에게 돌리게 해서는 안 됩니다. 각각 자기 업무 단위에서 책임을 가지도록 해야 합니다. 그래야 업무 단위의 책임감과 함께 업무 몰입이 생길 수 있을 것입니다.

둘째, 일의 목표만 제시해서는 안 되고 일을 잘 할 수 있는 시스템을 갖춰야 합니다. 팀장이 아무런 시스템 없이 무슨 수를 쓰더라도 목표를 달성하려고만 한다거나, 실패가 두려운 나머지 아무 것도 하지 않아서는 안 됩니다. 아무리 오랫동안 기존의 시스템으로 운영되고 있었어도 변화된 환경에 맞게 역할의 재분배, 책임의 명확화, 교대 근무제, 비상 연락 체계 구축 등을 통해 안정적으로 조직을 운영해야 합니다. 팀장 개인의 책임감으로 헌신과 희생으로만 유지되어서는 곤란한 것이죠. 어쩌면 지속 가능한 안정적 시스템을 갖추지 않고 책임과 헌신을 강조하는 것은 무책임한 일입니다.

셋째, 정기적인 소통으로 좋은 조직문화를 만들어야 합니다. 팀장은 24시간 풀가동하는데 직원들만 저녁이 있는 삶이라면 상식적으로 이상하겠죠? 이슈를 함께 공유하고 상황에 맞는 역할 분담으로 문제를 집단지성으로 풀어가는 조직이 되어야 합니다.

흔히 단기적 실적에만 치우치는 것을 '은행에서 급전' 빌리는 것으로 표현하기도 합니다. 자꾸 은행에서 급전을 빌리면 기업이든 개인이든 파산하게 되겠죠.

"팀을 위해 헌신적인 리더십을 발휘했는데 팀원들은 왜 힘들다고 할까요?"

우리의 홍길동 팀장은 처음 맡는 팀을 위해 헌신을 다하기로 했습니다. 팀원들과 수평적으로 소통하고 팀원들의 역량 강화에도 힘쓰고 팀원들과 인간적 유대감을 갖기 위해 노력했습니다. 그런데도 팀원들은 일하기 힘들다고 말하고 리더십에 문제가 있다고 말합니다. 팀을 위해 헌신적인 리더십을 발휘했는데 팀원들은 왜 힘들다고 할까요?

보통 처음 팀장이 되면 팀을 잘 이끌고 싶은 생각이 강할 것입니다. 팀원들을 아끼고 잘해주고 싶고 팀워크가 좋은 팀을 만들기 위해 노력합니다. 리더십의 중요성도 크게 느끼게 되죠. 예전 본인이 경험했던 팀장들처럼 지시형의 리더가 되지 않으려고 노력도 합니다. 항상 팀원들을 우선에 두려고 합니다. 물론 잘해주는데 싫어할 직원들 별로 없겠죠. 그런데 어느 순간부터 팀 바깥에서 평판이 안 좋아집니다. 또한 임원과의 사이도 안 좋아집니다. 엎친 데 덮친 격으로 다른 부서의 팀장들과도 갈등이 생깁니다. 팀원들은 임원 결재를 제때 못 받아오고 다른 팀의 협력도 제대로 못 받는 팀장의 리더십에 의구심을 가지게 됩니다. 오로지 팀원들을 위해 헌신하는데 약해지는 리더십! 정말 고민입니다.

많은 팀장들은 리더십이란 구성원들을 잘 이끄는 것이라고 생각들을 하죠. 오랫동안 이어져 온 리더십에 대한 오해입니다. 리더십은 주장하는 게 아니라 영향력을 발휘하는 것입니다. 그렇게 되려면 리더십은 입체적이 되어야 합니다. 팀장은 팀원을 통해 목표와 과업을 달성해야 하고, 다른 팀과 원활히 협업해야 하며, 상사인 임원의 성과에도 집중해야 합니다. 리더십은 팀장과 팀원 간의 리더십, 팀장과 팀장 간의 협업, 팀장의 임원에 대한 팔로워십을 입체적으로 포함해야 합니다. 팀장-팀원 간의 리더십만을 생각하는 것은 초보 팀장의 리더십 강박증입니다. 이는 경험 부족에서 오는 오해일 수 있습니다만 시행착오를 줄일 수 있다면 좋겠죠.

시행착오를 줄이기 위해 첫 번째로 팀원들에게 입체적 리더십을 발휘하고 있는 팀장으로 인식되게 해야 합니다. 팀 내부, 팀 간 협업, 이해관계자에 대한 영향력 발휘 등 조직에 기여하는 다양한 활동을 이끄는 팀장으로 보이도록 해야 합니다.

두 번째로 다른 팀과 경쟁적으로 협력하는 것입니다. 경쟁이 없을 수는 없겠지만 협업 없이 팀의 성과를 만드는 시대는 지났습니다. 경쟁할 것은 경쟁하고 협업할 것은 협업해야 합니다.

마지막으로 임원에 대한 팔로워십 입니다. 팀장이 팀원에게 원하는 것이 있는 만큼 임원 또한 팀장에게 원하는 것이 있겠죠? 이러한 임원의 니즈를 명확히 이해하고 이를 해결해야 합니다. 그래야 임원의 지원과 지지를 얻어낼 수 있습니다. 결국은 이것을 통해 팀의 목적과 목표를 달성해 낼 수 있는 것입니다.

리더십은 팀장과 팀원 간의 리더십,

팀장과 팀장 간의 협업, 팀장의 임원에 대한 팔로워십을

입체적으로 포함해야 합니다. 팀장-팀원 간의 리더십만을

생각하는 것은 초보 팀장의 리더십 강박증입니다.

리더를 위한 TIP

구성원에게 주인의식 심어주기

경영 환경이 어렵다보니 회사는 직원들이 일을 자기 일처럼 하기를 바랍니다. 그런데 직원들은 성과와 실적에 대한 압박감도 큰데 "주인의식이 없다, 주인의식을 가져야 한다."는 말에 스트레스를 많이 받습니다. 얼핏 들으면 맞는 말인 듯한데, 과연 그럴까요?

천원의 가치로 즐거움과 감동을 주는 기업이 있습니다. 그들이 일하면서 생긴 경험을 공유했습니다. "비가 많이 오는 날 물건을 구입한 고객이 집으로 배달을 해달라고 한 거예요. 영업 정책상 배달을 하지 않는 상황이었지만, 업무 마치고 고객의 집에 물건을 배달을 해주었어요. 고객이 정말 고마워하는 모습을 보며 잘했다는 생각이 들었어요." "하루는 몸이 불편해서 휠체어를 탄 고객이 왔는데, 매장을 다니면서 물건을 고르는 모습이 힘들어 보였어요. 고객을 자리에 계시게 하고 필요한 물건을 일일이 가져다 드려서 구입을 도와드렸어요. 고마워하는 모습을 보니 참 기쁘더군요." 이런 직원들의 모습은 고객에게 감동을 주고 충성고객을 만듭니다. 이는 주인의식이 없으면 할 수 없는 행동입니다. 이런 행동이 이 기업 직원들만의 모습일까요? 많은 직장인들은 스스로 책임감을 가지고 이런 행동을 합니다. 하지만 우리 주변에는 자기 일처럼 일하는 사람도 있지만, 남의 일 하듯이 일하는 사람도 분명 존재합니다. 그렇다면 기업의 주인인 직원들이 왜 주인처럼 일하지 않을까요? 바로 주인의식을 저해하는 장애물이 존재하기 때문입니다. 그러한 장애물은 무엇일까요?

❶ 직원들에게 일의 의미나 가치를 심어주지 않는 것입니다.

모든 일은 사회에 주는 의미와 가치가 있습니다. 돈을 벌고 이윤을 남기는 것은 일이 주는 가치의 결과입니다. 그렇기 때문에 직원들에게 우리가 하는 일에 대한 진정한 의미를 알려주어 자부심과 책임감을 가지고 일하게 하는 것이 중요합니다. 또한 일을 잘했는데도 칭찬하지 않는 조직문화가 있다면 동기부여는 더 떨어지게 됩니다.

② 목표를 명확하게 공유하지 않고 조직을 운영하는 경우입니다.

기업에 필수적인 요소가 비전입니다. 기업이 바라는 꿈과 미래상이 있습니다. 그 다음에 경영 목표가 있고 부서 목표와 개인 목표가 있습니다. 이 모든 것이 한 방향으로 정렬되어야 합니다. 그런데 같은 비전과 목표를 가진 미래의 모습이 없거나, 있긴 있지만 직원들에게 공유되지 않으면 직원들은 방향성을 잃어버리게 됩니다.

③ 기업의 우선순위가 명확하지 않고 직원들이 일하는 원칙과 기준이 없는 경우입니다.

일하는 방식에 일관성이 없으면 직원들은 어느 장단에 맞춰야 할지 모르게 되고, 수시로 바뀌는 칭찬과 질책 기준에 혼란이 옵니다. 결국 스스로 아무 일도 하지 못하고 시켜야지만 일을 하게 됩니다. 이러한 상황에서는 주인의식을 기대하는 것이 처음부터 무리입니다.

그럼에도 경영자나 리더들이 직원들에게 주인의식을 갖자고 하는 것은 나쁜 일이 아닙니다. 주인의식을 가질 여건을 갖추지 않은 상태에서 주인의식을 요구하는 경우가 더 문제입니다. 그런 경우 직원들은 주인의식을 '주인을 의식하는 것'이라고 비아냥댑니다. 그 결과 '주인의식을 갖자'는 말은 회사가 직원에게 희생을 강요하는 것이라고 인식하게 됩니다. 오히려 역효과가 나는 것입니다.

주인의식은 주인이 아니기 때문에 가져야 하는 것이 아닙니다. 주인답게 행동하기 위해 필요한 것이 주인의식입니다. 기업이 직원을 주인으로 대접하지 않으면서 주인의식을 심어주려는 것은 무모한 시도입니다. 주인이 주인답게 행동하도록, 주인의식을 가로막는 장애물을 제거해 주는 것이 먼저입니다.

팀장의 신뢰,
모든 활동의 출발점이다

사람들은 좋은 말을 하면 상대방이 긍정적으로 받아들일 거라고 생각합니다. 예를 들어 "사람이 모든 것의 주인이며 모든 것을 결정한다."는 말을 들으면 아마 대부분의 사람들은 공감할 것입니다. 마틴 루터 킹, 넬슨 만델라 등 인권 운동가들이 일관되게 했던 메시지였다고 말한다면 특히나 더 공감을 불러일으킬 것입니다. 그런데 이 말은 북한의 주체사상 이론의 중심 메시지입니다. 이렇게 이야기 한다면 사람들은 부정적으로 받아들이게 될 것입니다. 심리학자 로지는 위와 비슷한 실험을 하면서 말하기를 '텍스트가 중요한 게 아니라 누가 그 얘기를 했느냐에 따라 사람들의 판단에 영향을 미친다.'고 말했습니다. 신뢰하는 사람이 말하면 믿고 지지하지만 아무리 좋은 말이라도 그렇지 않은 사람이 이야기하면 지지하지 않는다는 이야기입니다. 내가 하는 말의 내용이 중요한 게 아니라 사람들이 나를 어떻게 생각하느냐가 중요하다는 것입니다.

대한민국 기업의 리더들을 대상으로 신뢰도 점수를 측정한 적이 있습니다. '신뢰 받는 직장의 조건'이라는 논문에 소개된 내용입니다. 대한민국 기업의 리더들은 자기들의 신뢰 점수에 70점 정도를 부여했습니다. 동일한 설문으로 부하 직원들이 매긴 신뢰 점수는 달랐습니다. 경영진에 대한 신뢰 점수는 47.2점, 상사에 대한 신뢰 점수는 48.8점이었습니다. 상사와 부하 간에 느끼는 상사에 대한 신뢰도 20점의 갭을 과연 어떻게 메워야 할까요?

"한 번의 잘못된 행동이 신뢰를 잃게 만드는 이유는 무엇인가요?"

많은 팀장들의 고민입니다. 팀원들이 나를 굳게 믿고 의지하기를 바라는데요. 신뢰했으면 좋겠다는 것인데요. 책도 보고 강의도 들으면 정직해라, 솔직해라, 언행일치해라, 약속을 잘 지켜라, 배려해라, 능력이 있어야 한다는 등의 말들을 접합니다. 여기에 틀린 말은 하나도 없습니다. 나름 노력하고 있고요. 그런데 매 번 잘하다가도 한번 잘못된 행동이라도 하게 되면 그동안의 신뢰를 잃는다는 것이죠. 이렇게 많은 노력을 하고 있는데도 팀원들이 팀장을 믿고 따르게 하려면 어떻게 해야 할까요?

자녀들이 있는 분들은 자녀들의 얼굴을 한 번 떠올려 보세요. 자녀들과 아빠의 관계로 한번 이야기를 시작해 보죠. 가정에서 자녀들이 아빠에게 가장 실망할 때는 언제인지를 물었는데요. 먼저 답을 한 번 떠올려 보세요.

보통 아빠들은 친구들하고 두루두루 사이좋게 잘 지내라고 얘기하죠. 좋은 이야기기인데요. 그런데 어느 날 아빠가 묻습니다. "너 왜 그 아이하고 노니?" 특히 공부 못하는 애들하고 노는 것에 대해서는 부정적으로 보면서 놀지 말라고 하거든요.

그러면 처음부터 공부 잘하는 애들하고만 놀라고 하든지요. 아빠의 말이 처음하고는 조금 바뀌었죠? 또 자녀들에게 용기 있고 대범해야 한다고 말하죠. 좋은 이야기인데요. 그런데 아이가 자전거나 인라인스케이트를 타다 넘어져 다치기라도 하면 엄청 혼이 나죠. 조심성이 없다고. 처음부터 위험하거나 다칠 가능성이 있는 놀이는 하지 말라고 하든지요. 아빠의 말이 또 바뀌었어요. 똑같은 상황인데도 이랬다저랬다 하는 거죠. 아이들 입장에서는 일관성이 없으니까 아빠가 어떤 반응을 보일지 예측이 안 되고 신뢰도 안 가는 것입니다. 사달라고 부탁한 것, 놀러 가기로 약속한 것 등 해주겠다고 대답하고는 안 해 주는 일관성 없는 약속들. 이런 것들이 쌓이고 쌓여 '아빠는 기분 내키는 대로 행동한다.'며 신뢰를 잃어버리는 거죠.

미국에서 조사한 내용인데요. '언제나 리더를 신뢰한다.'라는 질문에 20%의 응답이 있었고, '리더들이 신뢰 회복이 필요한가?'라는 물음에는 80%가 '그렇다'라고 답했다고 합니다. 우리나라에서 조사한 한 자료를 보면, 일하고 싶은 리더 중 '업무나 평가가 일관성 있는 리더'라는 응답이 가장 높았고, 일하기 싫은 상사 1위는 63.4%를 차지한 '일관성이 없는 리더'라는 결과가 나왔습니다.

이러한 설문 결과에서 볼 수 있듯이 직장에서는 일관성에 의해 예측 가능한 사람을 신뢰한다는 것입니다. 물론 구성원들은 부드럽고 친절하게 대하고 잘 들어주는 리더들을 좋아하기는 하죠. 하지만 반드시 신뢰하지는 않습니다. 업무와 관련해 중간보고를 하는 것이 중요하다고 하지만 복잡하고 시간이 쫓기는 상황이 되면 말이 달라지죠. 중간보고를 하겠다고 하면 그런 일 하나 스스로 처리하지 못하냐고 화를 내죠. 도대체 어떻게 하라는 건지 알 수가 없습니다. 그러면 다음부터는 팀원이 자기 맘대로 하게 되는 거죠. 예측이 안 되니까 본인 하고 싶은 데로 하는 거죠. 그러다 보면 서로 관계가 어긋나죠. 최악의 상사도 있습니다. 직원들 눈치 보면서 이랬다저랬다 하면서 좌충우돌하는 유형인데, 이런 사람을 우습게 보는 경향이 있죠. 오히려 호감형의 성격은 아니지만 일관되게 행동하면 미움은 덜 받지요.

성격은 강하고 터프하지만 일관성이 있는 행동을 가진 리더와는 오히려 일하기가 좋다는 경우도 있거든요. 이 사람이 어떤 때 화내고 어떤 걸 좋아하는지 잘 알죠. 그러면 예측이 되기 때문에 힘들지 않아요. 대비한 채로 맞는 것과 달리 대비를 하지 않은 상태에서 느닷없이 한 방 맞는 것은 정말 다릅니다. 상대적으로 후자가 많이 아프겠죠. 그래서 비즈니스에서는 신뢰라는 것을 '예측 가능한 일관성'이라고도 합니다.

일관성 없이 살겠다고 생각하는 사람은 아마 없을 것입니다.

일관성이 없다는 것은 두 가지로 나눌 수 있는데, 그 중 하나는 이중적인 사람, 즉 표리부동한 사람입니다. 이것은 문제가 있는 사람이니 열외로 놓으면, 다른 하나는 나도 모르게 일관성 없이 행동하는 사람이라 할 수 있죠. 일관성을 기르려면 생각과 말, 행동 모두가 일관성이 있어야 합니다. 그러려면 내가 팀장으로 팀을 이끌 때 중요하게 생각하는 업무가치를 우선적으로 정해야 합니다. 팀장으로서 배려, 긍정, 소통, 칭찬, 감사 등 대인관계를 중요시하는지 아니면 도전, 혁신, 창조, 성과 등 업무성과를 중요시하는지를 스스로 정확히 파악해야 합니다. 그러한 가치를 나도 알고 상대도 알게 해주어야 하고, 일관성 있게 생각과 말, 행동을 일치시키는 훈련을 하는 것이 좋습니다. 그래야 타인이 나에 대해 일관성이 있다고 생각하죠.

두 번째, 답변을 부탁해!
"팀원을 차별하지 않았는데 공정하지 못하다는 얘기를 듣는 이유는 무엇일까요?"

직원들은 공정한 평가와 보상에 대한 문제제기를 많이 합니다. 이 부분은 많은 팀장들의 고민거리이기도 합니다. 팀장 입장에서는 고성과자에게 높은 고과를 주고 저성과자에게 낮은 고과

를 주는 것은 공정한 일인데요. 일 잘하는 직원은 칭찬하고 일
못하는 직원은 질책할 수 있다고 생각합니다. 그런데 팀원들은
팀장이 공정하지 못하다는 말을 하고 편애한다거나 자신만 미
워한다고 말하는데요. 조직을 이끄는 팀장에게 공정하지 못하
다는 인상을 주는 것은 상당히 부담이 됩니다. 이런 상황을 해
결하려면 무엇이 필요할까요?

요즘 기업의 구성원들은 공정함을 중요하게 생각합니다. 특
히 기업에서 직원들에게 인사평가는 중요한데요. 우리 직원들
은 인사평가에 대해 어떤 생각을 할까요? 지금까지 많은 조사
가 있었는데 '우리 회사의 인사평가 공정한가?'라는 질문에 직
장인의 64.7%가 '객관성에 의문이 든다.'고 답했고, 56.8%는
'평가결과에 불만이 있다.'고 답했습니다. 많은 기업의 직원들
을 인터뷰한 결과 역시 이 수치와 다르지 않았습니다. 이유가
있죠. 기업 경영자나 인사담당자들은 평가의 공정성을 확보하
는 것이 매우 힘들다고 토로합니다. 사실 직원들의 과반수 이
상이 객관성을 의심하고 평가결과에 불만이라면 '도대체 인사
평가를 왜 할까?'라는 의문마저 드는 것이 현실입니다.

팀장에게 공정함은 팀원들이 믿고 따르는데 있어 상당히 중
요합니다. 신뢰할 수 없는 사람을 위해 최선을 다하지는 않으

니까요. 중국의 사상가 순자는 다음과 같이 말을 합니다. "올바른 결정을 따르는 것은 순종, 잘못된 결정에 기꺼이 문제를 제기하는 것을 충성, 잘못을 알면서도 따르는 것은 아첨"이라고 했습니다. 이 말에 비춰볼 때 무조건 복종이라는 말은 비현실적이고요. 팀원들이 아첨과 복종을 하는 것이 아니라 순종과 충성을 다하려면 공정함을 통한 신뢰가 먼저 있어야 합니다.

팀장이 관리해야 할 공정함은 두 가지입니다. 첫째, 대우의 공정성입니다. 대우는 인간적으로 사람을 대하는 것에서부터 일에 대한 배분, 결과에 대한 피드백 등 다양할 것입니다. 대우가 공정하지 않으면 차별받고 있다고 생각하죠. 리더들 중에 "나는 공정하지 않다"라고 생각하는 사람은 거의 없습니다. 그런데 직원들의 반응은 다르죠. 간단한 활동이지만, 1주일 기간을 정해 팀원들 리스트를 놓고 대화한 사람, 같이 차 마신 사람, 같이 점심 먹은 사람, 사적인 대화를 나눈 사람 등 대우와 관련된 항목을 놓고 한 번 체크를 해보세요. 많은 리더들이 편한 사람, 좋아하는 사람, 필요한 사람과 대부분의 접촉을 하지만 그렇지 않은 사람과는 접촉이 거의 없는 경우가 많죠. 호칭역시 그렇습니다. 친하고 편한 사람에게는 이름을 부르거나 반말을 하면서, 그렇지 않은 직원에게는 다르게 호칭하는 경우도있습니다. 팀장은 관심을 가지지 않으면 못 느끼지만 직원들은 그것을 민감하게 받아들입니다.

둘째, 평가의 공정성입니다. 인사평가의 핵심은 직원들이 공정하다고 느끼는 것입니다. 사람들이 공정하다고 느끼려면 합의된 것으로 평가하고 보상해야 합니다. 성과에 대한 업적평가는 기준과 객관적인 데이터가 있어 문제가 덜 하지만, 역량평가는 팀장의 임의적인 판단이 들어가는 경우가 많아 객관성에 문제가 있을 수 있습니다. 좋은 방법은 연초에 팀장이 중요하게 생각하는 역량 평가의 기준을 정확히 제시하고, 수시로 모니터링을 하고 피드백을 해서 깜깜이 평가가 되지 않게 하는 것입니다. 팀장이 공정하다는 느낌을 주는 것은 신뢰 받는 팀장의 매우 중요한 요소입니다.

세 번째. 답변을 부탁해!
**"실력 있는 팀장으로 인정받으려면 무엇이
필요할까요?"**

역시나 팀장들의 고민입니다. 팀원들이 본인을 믿고 따르면 참 좋겠는데 말이죠. 그러면 개인들이 마음 편하게 일할 수 있고 성장의 기회도 얻을 수 있고 고과도 잘 받아 직장생활이 편할 텐데 말이죠. 그런데 팀원 중 일부는 무엇인가 선을 정하고 적극성과 자발성을 보이지 않습니다. 나를 믿고 따르게 하려면 어떠한 것들이 필요할까요?

'각자도생(各自圖生)'이란 누구를 믿고 의지할 것이 아니라 각자가 스스로 제 살 길을 찾는다는 뜻의 한자성어인데요. 요즘 젊은 구성원들을 보고 개인주의가 많고 주인의식이나 애사심도 부족하다고 말들을 많이 합니다. 이 말이 진실인지는 곱씹어 볼 필요가 있습니다. 만약 그렇다면 왜 그런 성향들을 보일까요? 이러한 성향들이 팀장과 연관이 있는 것은 아닐까요? 팀원들은 자신의 팀장이 어떤 사람인지 다 알고 있습니다. 특히나 실력이 없는 팀장에게는 더더욱 올인하기 어렵겠죠. 팀장이 실력을 보여주어야 하는데 그러려면 무엇이 실력인지를 알아야 하겠지요.

팀장이 '실력 있다는 것'은 '성과를 창출해 내는 능력이 있다'는 말입니다. 조직에서 성과에 가장 영향을 미치는 요인은 일의 경중완급을 가리는 능력입니다. 가벼운 것인지 중요한 것인지, 급한 것인지 천천히 해도 되는 것인지 말입니다. 팀장은 팀 전체를 책임지기 때문에 제한된 자원 속에서 반드시 우선순위를 정하고 추진해 내는 능력이 있어야 합니다. 우선순위는 경중완급, 즉 긴급성과 중요성에 의해 결정됩니다.

팀에서 하는 업무를 긴급성과 중요성을 가지고 구분하면 4

가지의 상황이 있다는 것이죠. 긴급하고 중요한 일, 긴급하지만 중요하지 않은 일, 긴급하지는 않지만 중요한 일, 긴급하지도 중요하지도 않은 일입니다. 긴급하고 중요한 일은 예를 들면, 시간이 임박한 중요한 보고서 같은 경우죠. 긴급하지 않지만 중요한 일은 팀의 미션과 비전을 만드는 일이나, 직원들의 역량을 끌어 올리는 일, 유연하고 활기찬 조직문화를 만드는 일과 같은 것입니다. 사업에 있어서는 조직의 미래 먹을거리를 위해 신제품 개발을 위한 TF팀을 만들거나 투자 의사결정을 받는 것과 같은 일이죠.

긴급하지만 중요하지 않은 일도 있습니다. 기한이 임박한 단순 정보 보고서와 같은 것들이 있겠습니다. 마지막으로 긴급하지도 중요하지도 않은 일도 있겠죠? 이 네 가지 상황 중 어떤 일의 우선순위가 가장 높은 일일까요? 긴급하고 중요한 일은 당장 잘 해야 하는 일이니까 우선순위가 높죠. 하지만 이건 누구에게나 우선순위가 높으니 차별성이 없습니다. 따라서 긴급하지는 않지만 중요한 일에 팀장이 우선순위를 가져갈 필요가 있습니다. 팀원들 대부분은 긴급한 일을 중심으로 업무를 합니다. 중요한 일을 관리하는 것은 팀장의 역할이죠.

여기서 팀장들이 주의해야 할 부분은 바로 긴급성 중독입니다. 모든 일이 긴급하고 중요한 일이라고 생각하는 것과 이로 인해 중요한 일을 미리 대비하지 못하는 것이 문제라는 것입니다. 컨설팅회사 베인앤컴퍼니는 직장인들의 일을 분석해서 1-2-3-4의 법칙을 소개했는데요. 일을 하거나 휴식을 취하면서 사람들과 만나는 시간이 40%입니다. 자기가 하는 여러 가지 일이 30%입니다. 조직에 기여하는 가치 있는 일은 20%입니다. 시간 낭비 또는 다른 사람의 일을 방해하는 비율이 10%입니다. 실제로 '긴급하고 중요한 일'은 불과 20%라는 것입니다. 그러나 직장인 대부분은 회사에서 벌어지는 모든 일이 '긴급하고 중요한 일'이라고 착각하고 있습니다.

팀장은 팀원들이 보기 어려운 전체의 업무를 장기적 관점에서 보고 '긴급하지는 않지만 중요한 일'을 찾고 그것을 추진하는 능력이 필요합니다.

몇 년 전 세계적인 경영학 잡지인 하버드 비즈니스 리뷰에 실린 논문 제목이 인상적이었습니다. 하버드대 로버트 포즌 교수가 쓴 논문인데 "낭비되는 시간과 노력은 자신의 성장을 갉아 먹는다"입니다. 반대로 표현하면 사람들은 투입한 시간보다 도출할 결과물에 더 집중해야 한다는 말입니다. 팀장에게 자신의 성장은 팀과 팀원뿐만 아니라 팀장 자신과도 관련이 있습니다. 긴급성 중독증에 빠지지 않고 긴급하지는 않지만 중요한 일을 미리미리 대비하면 좋겠습니다.

해야 할 일과 하고 싶은 일

1,000명의 죽음을 지켜본 호스피스 전문의 오츠 슈이치는 '죽을 때 후회하는 것'이라는 내용의 책을 썼습니다. 책에는 가고 싶은 곳으로 여행을 떠났더라면, 맛있는 음식을 많이 맛보았더라면, 신의 가르침을 알았더라면, 진짜 하고 싶은 일을 했더라면 등 스물다섯가지를 소개하고 있습니다. 사람은 누구나 하고 싶은 일이 있을 텐데요. 죽음을 앞둔 사람이라면 하지 못했던 일과 하고 싶은 일이 너무나 간절할 것입니다.

사람은 해야 할 일을 하지 않아서 후회하고, 하고 싶은 일을 하지 못해서 후회한다고 합니다. 어떤 차이일까요? 해야 할 일은 무엇일까요? 가족을 부양하기 위해 돈을 버는 것, 건강을 위해 운동하는 것, 좋은 인맥을 만들기 위해 노력하는 것, 조직에서 생존하기 위해 참아야 하는 것 등 어떠한 목적을 위해 하지 않으면 안 되는 것이라 할 수 있죠.

하고 싶은 일은 무엇일까요? 사랑하는 사람을 만나 사랑하는 것, 좋아하는 사람을 만나 우정을 나누는 것, 부모님께 효도하는 것, 휴식과 여유를 즐기는 것, 책을 읽고 영화를 보는 것, 좋아하는 스포츠를 하는 것, 어려운 이웃을 돕는 것 등 많이 있습니다. 해야 하는 일에 대한 부담을 줄이고, 하고 싶은 일을 마음대로 할 수 있으면 얼마나 좋을까요? 하지만 대부분 사람들은 해야 하는 일에 대한 부담에 치여 살고, 하고 싶은 일은 억제하며 사는 것이 인생이라고 말하며 불행하다고도 합니다. 어떻게 하면 원하는 것을 하는 삶을 살 수 있을까요?

사람들 대부분 그 해답을 알고 있습니다. 일을 해야 할 때가 있고 삶을 즐길 때가 있다고 하면서 말이죠. 2,600년 전 이솝은 '개미와 배짱이' 이야기를 남겼습니다. 일을 해야 할 때 일하지 않은 배짱이는 결국 추운 겨울, 바깥에서 추위와 배고

품에 떤다는 이야기입니다. 물론 현대 시대에 꼭 맞는 이야기라고 하기는 어렵습니다. 젊어서는 일만하고 나이 먹어서 즐기는 것은 현실적이지도 않고 지혜롭지도 않습니다. 일만 하던 사람이 암에 걸려 요절하고, 가족과 친구가 남아있지 않아 외로움 속에서 쓸쓸한 노년을 보내는 것은 권할 만한 일이 아니죠. 그렇기 때문에 우리는 해야 하는 일과 하고 싶은 일을 동시에 하면서 살아가야 합니다. 문제는 어떤 것을 더 많이 하느냐의 결정이죠.

현 시대의 사람들은 앞으로 100세를 살 것입니다. 100세를 100%라고 놓고 어떻게 배분하면 좋을지를 생각해 봅시다. 여기서 팁은 자신이 살아야 할 시간만큼은 해야 할 일에 투여하고, 자신이 살아온 날 만큼 하고 싶은 일을 하라는 것입니다. 30살 청년이라면 70%는 해야 할 일을 하고, 30%는 하고 싶은 일을 하라는 것입니다. 50살 중년이라면 해야 할 일이 50, 하고 싶은 일이 50입니다. 50살 중년이 되어서도 해야 할 일이 70~80이 된다면 아쉬움이 있습니다. 70살 노인이 되어서 아직도 해야 할 일이 50 가까이 된다면 너무 박복한 인생이 아닐까 싶습니다. 90살 노인이라면 이제 남은 인생 대부분 하고 싶은 일을 하면 좋을 것입니다.

살아온 만큼은 하고 싶은 일을 하고, 살아갈 날 만큼은 해야 할 일을 하자는 말에 공감하는 사람이 많을 것입니다. 여기서 중요한 것은 우리는 삶을 살면서 하고 싶은 일과 해야 할 일을 동시에 해야 한다는 것입니다. 어느 것 하나만 해서는 안 된다는 이야기죠.

마지막으로 내가 진정 하고 싶은 일이 무엇인지를 명확히 아는 것이 중요합니다. 사람은 하고 싶은 일을 알게 될 때, 해야 할 일도 분명하게 알게 됩니다. 하고 싶은 일이 분명하지 못하기 때문에 해야 할 일을 모르고 아까운 시간을 낭비하는 것입니다.

PART 2
자발적으로 몰입하는 슬기로운 업무생활

본질에 집중하는 팀 만들기
Work Diet

일주일째 하루 종일 회사에서 보고서를 쓰다가 퇴근하는 젊은 직원이 있습니다. 그는 임원에게 보고할 보고서를 쓰고 있습니다. 의사결정을 위한 보고가 아니라 업계 동향과 정보에 대한 보고입니다. 물론 조직에서 중요한 역할을 하는 임원에게 도움을 주기 위한 보고서를 쓰는 것은 쓸데없는 일이 아닙니다. 팀장은 얼마 전 임원에게 인력이 부족하니 인력을 충원해 달라고 요청을 했는데 보류 지시를 받은 상태입니다. 사람은 없는데 몇 명 안 되는 팀원 중 1주일 내내 보고서에 매달리고 있는 팀원이 있다는 것은 뭔가 이상합니다. 인력이 풍부하고 시간 여유가 있는 상태라면 젊은 직원이 보고서 쓰는 것이 무슨 문제가 있겠느냐만 인력 부족을 호소하는데 1주일 째 보고서라니.

이 상황의 문제는 단지 하기만 하면 좋은 일을 위해 인력과 시간을 투자하다보니 정작 중요한 일을 하지 못하는 것이라 하겠습니다. 일하는 방식의 개선은 분명 필요합니다. 최근 근로시간 단축에 따라 화두가 되고 있는 것 중에 하나가 '스마트하게 일하기'입니다. 스마트하게 일하기의 핵심은 '워크 다이어트(Work Diet)'라 할 수 있습니다. 많은 사람들이 신체적 건강을 위한 다이어트 열풍에 매달리는 것처럼 기업에서는 일하는 방식 개선을 위한 워크 다이어트가 열풍입니다. 업무 간소화, 효율화는 중요하지만 단지 일을 줄여 시간을 아끼는 것이 워크 다이어트의 목적은 아닙니다. 워크 다이어트의 목적은 조직의 존재 목적인 본질에 집중하자는 것입니다.

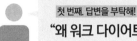

만약 회사에서 우리 팀에 필요한 인력을 언제든 뽑을 수 있게 해준다면 더 높은 성과를 낼 수 있을까요? 인력이 항상 부족해서 직원들의 불만이 높고 조직관리에 어려움이 있었는데 인력충원을 해준다니 성과 내는 건 일도 아닌가요? 그런데 이런 상황은 기업 현장에서는 비현실적이라는 사실입니다. 인력이 늘어나면 성과 목표는 더 큰 규모로 늘어나는 것이 현실이니까요. 부족하다고 느끼는 적정한 자원으로 최대의 이익을 창출하는 것이 기업 활동의 기본 성격이라고 하겠습니다.

현재 우리나라는 주 40시간을 반드시 지켜야 하고 연장근로에 대해서는 엄격한 기준을 적용하는 근로시간 단축 시대를 맞이했습니다. 과거에는 아침 일찍 출근해서 삼시세끼를 모두 회사에서 해결하고 밤 늦게까지 일하고 집에 잠깐 들러 잠을 자고 오는 삶이 비일비재했죠. 'work=life'의 삶을 살았습니다. 'work=life'의 관행은 경제협력개발기구(OECD) 노동생산성 비교에서 최하위권의 불명예 기록도 만들어냈습니다. 스마트하고 열정적인 한국인에게 이런 기록은 의아했지만 그 이면에는 여러 가지 문제들이 있었죠. 온종일 일만 하다 보니 불필요한 업무와 절차, 나태함, 불통, 관료주의 등 온갖 생산성을 저해하는 관행과 적폐를 양산했습니다. 근로시간 단축이라는 엄청난 변화가 일어났으나 대체로 잘 정착되었다고 평가되고 있습니다. 수십 년 동안 야근을 통해 생산성을 관리해왔던 한국 기업에서 어떻게 하루아침에 이 제도를 무난히 정착하게 되었을까요? 줄어든 시간만큼 신규인력을 채용해서 생산성을 유지했을까요? 잘 알다시피 그렇지는 않았죠. 기업은 기존과 동일한 생산성을 내기 위해 인력충원을 하여 비용증가 요인을 만들 만큼 여유가 없는 상황이죠. 거의 모든 기업은 불필요한 업무를 제거하고 효율성을 담보하는 워크 다이어트(work diet) 활동으로 생산성의 유지 또는 향상 전략을 채택하였습니다.

경영에서 가장 중요한 것은 생산성일 것입니다. 생산성은 성과와 같은 의미로 사용됩니다. 경제학에서는 생산성을 가장 중요하게 생각하는데 생산성의 계산식은 입력을 분모로 하고 출력을 분자로 합니다. 입력에 비해 출력이 얼마나 높으냐가 생산성입니다. 입력은 투입자원을 말합니다. 쉽게 말해 쏟아 넣은 노력을 말합니다. 출력은 부가가치를 말하는데 쉽게 말해 얻은 성과를 말합니다. 생산성을 높이려면 부가가치를 높이는 방법과 투입자원을 줄이는 방법이 있겠죠? 시간을 부가가치라고 표현한다면 시간은 평균 일 8시간, 주 40시간으로 고정입니다. 그렇다면 시간의 생산성을 높이는 방법은 정해진 시간에 일을 줄이는 것입니다. 중요한 일을 줄일 수 없으니 덜 중요한 일, 불필요한 일을 줄이는 것이 쉽고 명확한 해결책이라고 할 수 있습니다.

많은 기업들이 채택한 워크 다이어트 영역을 살펴보면 회의와 보고, 지시와 결재, 몰입과 근태입니다. 가장 대표적인 개선은 회의 횟수와 시간을 줄이는 것이었습니다. 이제는 사전 공지도 없이 수시로 부르는 회의, 목적과 목표가 불분명한 난상 토론식 장시간 회의, 지시와 공유를 목적으로 대다수가 듣기만 하는 일방적 회의는 과거의 유물이 되고 있습니다. 대기업 팀 평균 회의 횟수와 시간은 주 1회, 1시간 이내입니다. 보고도 큰 변화가 있습니다. 내용보다는 형식에 치우치고 보고서 제작까지 많은 시간이 소요되는 불필요한 PPT 보고는 많은 기업에서 간소화 방향으로 변화하고 있습니다.

결재도 마찬가지입니다. 전자결재와 병행하여 오프라인으로 출력하여 중복 보고하는 관행도 퇴출되고 있습니다. 불필요한 합의 프로세스, 공식문서로 하는 부서 간 업무협조도 간단히 이메일 및 사내 메신저로 연락하는 방식으로 전환되고 있습니다. 더불어 짧은 시간 최대한 몰입하여 근무할 수 있도록 직원들의 나이와 가족, 환경을 고려하여 출퇴근 시간을 선택하는 유연근무제도 확대 보편화 추세입니다.

워크 다이어트는 근로시간 단축 시대의 필수도구입니다. 현재는 일하는 방식 개선 영역에서 주로 적용되고 있지만 몇몇 기업은 일하는 공간과 소통 방식과 같은 영역으로 변화를 확대하고 있습니다. 하지만 워크 다이어트 적용상의 문제점도 기억해야 합니다. 업무시간을 효율적으로 사용하는 것에만 집중하게 되면 리더와 직원들은 효과성을 망각한 채 시간관리에만 매몰되는 실수를 범할 수 있습니다.

워크 다이어트의 목적은 생산성 향상입니다. 회의와 보고를 줄이고 결재를 간소화하는 것은 직원들을 편하게 해주겠다는 것이 아니라, 생산성 향상을 위해 필요하기 때문입니다. 워크 다이어트를 포함한 업무 개선과 혁신의 목적은 생산성 향상임을 꼭 기억해야 합니다.

두 번째, 답변을 부탁해!

"불필요한 일을 줄였는데 성과가 안 나는 이유는 무엇인가요?"

만약 불필요한 회의, 보고, 결재, 문서작성 등을 줄이는 워크 다이어트가 잘 되면 더 놓은 성과를 낼 수 있을까요? 환영할 만한 상황입니다. 낭비, 비효율, 저부가가치 등 불필요한 일은 줄여야 합니다. 그런데 회의를 줄이고 보고도 간소화하고 문서작성도 최소화하며 업무 개선을 하는데 성과에 변화가 없다면 무슨 문제가 있는 것이 아닐까요?

회사에서는 워크 다이어트를 위해 문제의식을 공유하고 실행 방안을 찾기 위해 워크숍을 합니다. 그러면 직원들은 수많은 문제점을 나열하고 불만을 쏟아 냅니다. 그 내용이 대부분 민원 수준의 내용이라 당황스러운 경우가 있습니다. 회의를 최소화했는데 기본적인 회의도 하지 말자고 합니다. 또 보고를 간소화 하자고 하는데 그러면 의견을 어떻게 수렴하고 반영하여 의사결정을 할지 대안을 제시하지 않습니다. 무엇을 하겠다는 이야기는 하지도 않고 안하겠다는 말들만 하니 팀장 입장에서는 불쾌한 마음이 들기도 합니다. 사실 요즘 기업 환경에서 예전과 같은 불필요하고 낭비적인 일은 상당부분 많이 개선되

The Smart

어 왔습니다. 이런 경우 팀장은 방향을 정확히 제시해야 합니다. 불필요한 일이 무엇인지 찾고 제거를 했다면 다음에는 무엇을 할지를 제시해야 합니다.

세계 최고의 항공사 중 하나인 미국 사우스웨스트항공 사례를 살펴보겠습니다. 이 항공사는 여객수송인원이 세계 1등인 항공사입니다. LCC(저비용항공사)이고 미국에서 국내선만 운행합니다. 저비용항공사이지만 정시 도착률, 수화물 안전, 고객 만족도에서 타의 추종을 불허하는 부동의 1등입니다. 1967년 설립 이래 50년 이상 흑자를 지속하고 있고, 가장 일하고 싶은 100대 기업, 대학생이 취업하고 싶은 기업 1위, 고객만족도는 매년 1위를 하는 신화 같은 항공사이기도 하죠. 이 항공사의 성공비결은 무엇일까요? 사람들이 저비용항공사를 타는 이유는 무엇일까요? 저렴한 비용 때문이라고요? 맞습니다. 그런데 만약 비용은 아주 싼데 제때 도착을 안 한다면 이 항공사를 이용할까요? 우리가 보통 그 제품이나 서비스를 이용하는 이유는 바로 본질입니다.

저비용항공사의 본질은 저렴한 가격만이 아닙니다. 가격이 싸면서도 목적지까지 제대로 데려다 주는 것입니다. 이 항공사는 설립 이래 지속적으로 추진해온 워크숍이 있습니다. 분기 단위 내지는 필요할 때 마다 사업의 본질을 지키기 위해 구성원들이 버려야 할 것은 무엇인가를 토론하고 결론이 나면 바로 실행합니다. 한번은 워크숍에서 한 직원이 지정석을 없애자는 의견을 냅니다. 좌석번호를 개별로 주지 않고 블록만 줍니다. A, B, C, D 블록 이런 식으로 말이죠. 보통 사람들은 좌석이 지정되어 있으면 지정석에 앉기 위해 병목현상이 생기죠. 이로 인해 비행시간이 늦어집니다. 게다가 창가 자리나 비상구 자리를 위해 띄엄띄엄 예약을 하기도 하고요. 빈자리가 생기면 당연히 비용이 되겠죠? 그런데 블록으로 좌석을 주게 되면 탑승시간을 줄여 정시 도착률을 높이고 빈 좌석이 생기지 않으니 비용 절감 효과가 있습니다. 다음으로 기내식을 주지 않습니다.

생수와 오렌지주스 정도만 주고 그 외에 뜨거운 커피나 술 종류는 비싸게 사먹어야 합니다. 보통 기내식 때문에 많은 승무원이 필요하고 비행기를 정비하고 청소하고 기내식을 싣기 위한 많은 시간이 소요됩니다. 이것으로 시간도 단축하고 비용도 줄일 수 있습니다. 공항라운지도 없습니다. 우리가 저비용항공을 타면서 공항라운지를 이용하지는 않으니까요. 1등석 서비스도 없앴습니다.

편하게 가려고 저비용항공사를 타지는 않겠죠. 요즘은 우리나라 저비용항공사도 이런 서비스를 거의 없앴는데 사우스웨스트항공은 이런 저비용항공사의 표준을 만든 회사입니다. 또 여러 개선활동을 통해 세계 최고의 항공사이자 높은 수익을 내는 항공사가 된 것입니다. 여기서 우리가 얻을 수 있는 시사점이 있습니다. 지정석, 기내식, 1등석 서비스는 승무원입장에서 보면 번거롭고 힘든 일입니다. 이것은 직원들이 힘들어서 없어진 것들이 아니라는 것입니다. 바로 저비용항공사의 본질에 집중한 결과라는 것입니다. 워크 다이어트의 핵심은 일을 줄여주는 게 아니라 본질에 집중하자는 것입니다.

다른 이야기를 해볼게요. 우리 회사 생산팀의 본질은 무엇일까요? 납기를 맞추는 것이라고요? 당연히 납기는 중요하죠. 그런데 그게 전부가 아니죠. 불량을 줄이거나 없애는 것이 포함되겠죠. 그런데 가만히 보면 생산팀 직원들이 하는 업무 중 문서를 작성하고 보고를 하는 경우가 많은데, 게다가 단계가 많고 절차가 복잡한 것입니다. 그러다 보니 납기에도 영향을 미치고 시간이 부족하다 보니까 급하게 작업을 하다가 결국 불량이 생기는 것입니다. 생산팀의 본질에 집중하기 위해서는 워크 다이어트가 필요하겠죠?

그러면 영업팀의 본질은 무엇일까요? 매출을 증대시키는 것이죠. 그런데 그게 전부가 아닙니다. 고객을 유지하는 것도 중요하죠. 그런데 영업팀 직원들을 보면 수시로 실적 회의를 하고 일일, 주간, 월간, 분기, 반기 수시로 실적 보고를 위해 문서를 만들고 있다는 거죠.

또는 영업일정을 마치고 매일 사무실에 들어와 함께 실적 공유를 하는 경우도 있습니다. 시스템에 입력하고 아무 때나 볼 수 있으면 보고와 잦은 회의도 필요 없는데 말이죠. 회의하고 보고하느라 영업할 시간이 없고 고객 대응을 제때 못해 매출이 줄고 고객이 떠나게 되는 것이죠. 워크 다이어트는 업무의 본질에 집중하기 위해 하는 것입니다. 다른 부서도 동일한 기준으로 생각하면 되겠습니다.

국내 기업 사례로 어느 대기업이 진행했던 '고객가치 창출에 도움 되지 않는 모든 것을 버려라'는 슬로건을 내걸고 캠페인을 진행했습니다. 캠페인의 목표는 회의, 보고, 접대, 회식, 복장, 의전 등 일상의 모든 영역에서 불필요한 일을 버리고 고객가치 창출에 집중하는 실용적인 문화를 정착하기 위함이라고 했습니다.

세 번째. 답변을 부탁해!
"회사 차원의 워크 다이어트가 팀에 도움이 되지 않는 이유는 무엇인가요?"

만약 회사에서 업무지원시스템을 제대로 구축해 놓으면 팀 업무는 효율화될까요? 아마 많은 부분이 효율적으로 바뀔 것입니다. 최근 화두가 되고 있는 디지털 트랜스포메이션은 사람이 하지 않아도 되는 일을 기계와 컴퓨터가 처리하게 해서 시간 활용을 효율화하는 것입니다. 하지만 팀 차원에서 업무효율화 시스템을 자체적으로 구축하는 것은 어렵습니다. 회사에서 업무지원시스템을 갖춰주면 전사적인 업무에서는 도움이 되겠지만 문제는 개별 팀에 최적화된 시스템을 갖추기 어렵다는 점입니다. 그래서 필요한 것이 팀 차원의 업무효율화를 위한 활동, 워크 다이어트라 하겠습니다. 어떻게 해야 할까요?

어느 기업에 방문하여 담당자들과 미팅을 진행한 적이 있습니다. 회의실이 예약이 되어 있었는데요. 회의실에 들어가니 30분 단위로 벨이 울리는 시계와 모래시계가 놓여 있고 테이블에 큼지막하게 회의진행 수칙 등이 써 있었습니다. 스마트한 회의를 위한 아홉 개의 물음표라고 되어 있는데 "필요한 회의인가요?" "시작과 종료시간은 지켰나요?" "회의는 30분이면 충분하죠?" "회의 내용과 자료는 사전 공유했나요?" "결론은 명확하게 내렸나요?" "회의록은 2시간 내에 공유하실 거죠?" 등 이런 내용이 적혀 있었습니다. 30분 정도 회의를 진행한 것 같은데 밖에서 누군가 노크를 하더니 "회의실 예약을 했다."라며 비워달라는 것입니다. 담당자가 양해를 구하고 급하게 회의를 마친 기억이 납니다. 회사 전체의 룰과 시스템은 잘 작동하지만 팀에는 오히려 방해가 되었던 상황을 보여줍니다.

회사 차원의 워크 다이어트 활동이 진행되지만 팀 차원에서 제대로 되지 않으면 생산성과 성과를 향상시키기 어렵습니다. 회사 차원의 활동과 함께 팀 차원의 활동이 함께 진행되어야 합니다. 전투로 치면 회사 차원의 활동은 후방에서 포병이 대포를 쏴주는 것입니다. 전투에 많은 도움이 되겠죠. 하지만 결국 전투에서 이기려면 보병들이 적과 치열하게 싸워 고지를 점령해야 하는 것과 같습니다. 회사 차원의 활동만으로 팀의 성과로 이어지기 어렵습니다.

팀워크 다이어트 영역에는 대표적으로 6가지가 있습니다.

회의, 보고, 지시, 결재, 문서작성, 근태입니다. 이 영역들에서 업무 관행 중 제거해야 할 요소는 무엇이 있는지와 감소시켜야 할 요소는 무엇이 있는지를 찾는 것입니다. 팀장은 먼저 6가지 영역에 대해 제거할 것과 감소할 것을 찾아봅니다. 다음으로 팀원들에게 동일한 과제를 줍니다. 그리고 팀장과 팀원이 제시한 내용을 통합하여 워크 다이어트 과제로 정리합니다. 팀장과 팀원이 공통적으로 제기하는 문제를 우선해결 과제로 선정합니다. 팀장과 팀원 사이에서 차이가 있는 부분은 상호 이해와 공감 영역입니다. 토론을 통해 워크 다이어트 과제를 선정하고 팀 차원에서 개선 활동을 진행하면 됩니다.

여기서 더 나아가 업무 효율을 위해 다른 프로세스와 방법으로 바꿔야 할 것들이 있는지, 아니면 새롭게 만들어 가야 할 것들이 있는지를 안건으로 추가해서 진행하면 더 나은 결과가 도출될 것입니다.

근로시간 단축 시대, 30분 회의하기

근로시간 단축 시대, 적정한 회의시간은 어느 정도일까요? 여러 기업을 통해 공통적으로 제시하는 바람직한 회의시간은 30분이었습니다.

2017년 대한상공회의소 조사에서 나온 직장인들의 평균 회의시간인 1시간에서 절반으로 줄이는 것입니다. 어떻게 하면 회의의 목적을 충분히 달성하는 30분 회의가 가능할까요?

과거의 일반적인 회의시간은 1시간 정도였습니다. 회의시간을 나눠보면 정서 공감을 위해 서로의 근황과 일상을 공유하는 시간이 15분 정도 됩니다. 다음으로 회의 주제에 대한 사전 배경 설명을 하거나 듣는 시간이 15분 정도 됩니다. 무슨 이야기를 왜 해야 하는지 공감하는 시간입니다. 본론은 상호의견을 제시하고 합의하는 과정으로 30분 정도 진행됩니다. 그래서 보통 1시간 정도 회의를 한다고 예정을 합니다. 그렇다보니 50분 정도 걸린 회의는 짧았다는 느낌, 1시간 10분 이상 걸리면 길다는 느낌이 드는 것입니다.

그렇다면 30분 회의는 어떻게 가능할까요? '회의는 무조건 30분에 끝낸다.'는 형식만 갖추면 문제가 생깁니다. 신중하게 결정사항을 합의해야 하는데 30분이라는 시간이 부족할 수 있습니다. 5~6명 이상의 많은 인원이 참여하는 회의를 30분 내에 끝내기는 어렵습니다. 30분 내에 끝내려면 회의가 아닌 다른 방법이 필요합니다. '30분 회의원칙'을 정했더라도 이슈에 따라서는 30분이 넘는 시간을 투입해야 충분한 토론이 되는 경우도 있습니다.

기본 30분 회의를 가능하게 하는 방법은 사전준비입니다. 참석자들이 정서 공감과 내용 공감을 위한 시간 없이 바로 주제 토론에 들어가 집단지성을 발휘할 수 있어야 합니다. 정서 공감은 내가 왜 회의에 참여해야 하는지, 또 어떤 역할을 해야 하는지 아는 것입니다. 내용 공감은 무엇을 결정해야 하고 어떤 이야기를 들어야 하고, 나는 어떤 이야기를 해야 하는지를 생각하고 들어가는 것입니다. 정서 공감과 내용 공감이 사전에 준비되어 있어야 바로 밀도 있는 토론이 가능하고 30분 회의가 가능합니다. 평균 1시간 걸리는 회의는 정서 공감과 내용 공감을 정해진 회의시간에 모두 소화하려 했기 때문에 생긴 현상입니다. 근로시간 단축 시대, 정확히 표현하면 주 40시간, 하루 8시간 내에서 업무를 수행해야 하는 시대에 1시간 회의를 하는 것은 너무 길다고 볼 수 있습니다. 회의 준비가 각자 된 상태에서 30분 내에 밀도 있는 토론과 결정 사항을 합의하는 것이 필요합니다.

한 가지 더! 사전에 공유된 자료를 미리 읽어 보고 회의에서 해야 할 이야기를 미리 준비하고 싶지 않은 사람은 어떻게 해야 할까요? 이는 회의에 참석하지 말아야 할 사람입니다. 회의에 참석할 필요가 없는 사람이거나, 그것이 아니라면 회사에 있을 필요가 없는 사람입니다. 회의 참여에 있어 필요한 대상자 선정은 필수적인 요소라 할 수 있습니다.

자율적인 팀 만들기
Work Goal

팀원들이 놀고 있는 것이 아니라 최선을 다해 열심히 일하고 있는데 팀 성과가 낮다면 무엇이 문제일까요? 열심히 일하지 않는다면 독려하고 야근을 해서라도 성과를 내게 할 수 있다지만 지금은 그렇게 하기 쉽지 않은 시대입니다. 팀원들이 일할 수 있는 시간은 한정되어 있습니다. 최선을 다해 일하고 있는데도 혹여 엉뚱한 일을 하고 있다면 팀원들은 팀원대로 힘들고 지치기만 합니다. 팀장은 성과부진으로 난감한 상황에 빠지게 됩니다.

팀원들이 열심히 노력했다면 그것이 팀장의 목표 달성으로 이어져야 합니다. 장시간 근무가 사라진 시대에 열심히 일하는 것이 중요합니다. 짧은 시간동안 일을 하더라도 정확한 목표를 바라보면서 성과로 이어지도록 해야 합니다. 팀원들 중에는 자기 일정과 계획을 고수하며 바쁘게 일하는 경우가 많습니다. 아쉽게도 팀의 목표나 우선순위는 뒷전인 경우도 있습니다. 바쁘다고, 일이 많다고, 힘들다고 팀장을 압박합니다. 팀원들은 모두 바쁘게 일하는데 팀의 목표와는 점점 멀어지고 성과가 나지 않는다면 무엇이 문제일까요? 팀원들이 일에 대한 관점과 태도에 문제가 있다면 그것은 비단 팀원들의 문제가 아닌 경우가 많습니다. 그렇다면 팀장은 무엇을 해야 할까요?

팀장은 팀원들에게 팀의 목표를 선명하게 보여주고 이해시키고 관리해야 합니다. 또한 팀의 목표를 달성하기 위한 팀워크가 중요한데 팀장을 중심으로 모든 구성원들의 목표와 우선순위가 동일시되어야 합니다. 연간 단위, 반기 단위, 분기 단위로 점검과 피드백을 통해 철저하게 목표를 정렬시켜야 합니다. 일상적인 업무 수행도 마찬가지입니다. 업무 수행 목표에 맞게 정확하게 업무지시를 하면 우리 팀원들은 목표에 맞게 일을 해낼 수 있습니다. 그렇다면 팀장의 목표와 팀원의 목표를 어떻게 일치시킬 수 있을까요? 팀장의 습관화된 목표 일치 방식은 어떻게 만들어 낼 수 있을까요?

만약 우리 팀원들이 나와 마찬가지로 우리 팀과 업무를 보고 있다면 어떨까요? 팀장으로서는 더할 나위 없을 것 같습니다. 물론 내가 힘들면 팀원들도 힘들겠지만, 반대로 내가 여유 있으면 팀원들도 여유가 있겠죠. 그런데 그런 아름다운 상황만이 전개되는 것은 아닙니다. 팀장은 점점 지쳐만 가는데 팀원들은 여유가 있어요. 팀장은 일을 못 끝내서 업무와 씨름을 하는데 직원들은 해맑은 얼굴로 정시에 퇴근합니다. 왜 이런 일이 생길까요? 이 문제는 어떻게 해결해야 할까요?

어느 기업에 강의를 하러 간 적이 있습니다. 강의 전에 잠깐 담당자를 만나 차를 한잔 마시고 있었어요. 사실 특별히 중요한 대화는 아니었습니다. 대화 중에 담당자 핸드폰에 진동이 울립니다. 누구 전화인지 확인하더니 대뜸 꺼버리더군요. 상대방은 아마 "지금은 전화를 받을 수 없습니다." 이런 메시지를 받겠죠. 조금 있다가 또 핸드폰이 울리더군요. 담당자는 다시 확인 후 역시 종료 버튼을 눌러 버리더군요. 중요한 미팅을 하고 있는 상황이 아니기 때문에 담당자에게 "급한 전화 같은데 받으세요."라고 말했습니다. 그랬더니 "별로 중요한 전화 아니에요. 신경 쓰지 않아도 됩니다."라고 말하더군요. 도대체 누구로부터 온 전화였을까요? 안타깝게도 팀장으로부터 걸려온 전화였답니다. 혹시 과거에 이런 경험이 있으셨을까요? 팀장들의 생각과 달리 우리 구성원들은 팀장을 중요하지 않게 생각하는 경우가 더러 있는 것 같습니다. 물론 아닌 사람도 더 많겠지만요. 일상적인 업무 상황 속에서 팀장을 이런 식으로 대한다면, 팀장이 지시한 사항을 구성원들은 제대로 수행할 수 있을까요? 무엇보다 팀장이 책임져야 할 팀의 목표에 최선을 다할 수 있을까요?

근본적인 질문을 드려 보겠습니다. "직원들은 회사에서 누구를 위해 일해야 할까요?" 직원들에게 이러한 질문을 했을 때, 원하는 답을 들은 적은 거의 없는 것 같습니다. 직원들은 이 질문에 대해 "나 자신을 위해 일해야 합니다." 이런 대답을 많이 합니다. "회사를 위해 일해야 합니다." "고객을 위해 일해야 합니다." 이런 대답도 하고요. 심지어는 "가족을 위해 일해야 합니다."라고 말하기도 합니다. 조금 많이 나간 답변인거죠. 그렇다면 팀장들 생각은 어떨까요? "우리 팀원들은 누구를 위해 일해야 할까요?"라고 똑같이 물어보았습니다. 팀장 교육 때 물어봐도 비슷한 대답들을 합니다. 사실 그건 원하는 대답은 아니었어요. 그래서 다시 이렇게 물었죠. "팀장님들은 팀원들이 누구를 위해 일해 주었으면 좋겠냐?"고 묻죠. 그러면 이렇게 말하죠. "나를 위해…" "팀장을 위해 일했으면 좋겠다."라고 말하죠. 그런데 어떻게 된 게 대답에 힘이 없어요. 팀원들은 팀장을 위해서 일해야 한다고 말해주고 싶습니다. 이건 단지 팀장에 대한 격려가 아니라 조직운영의 기본 원리가 그렇다는 것입니다. 여기서 '팀장을 위해'라는 말은 사실 '팀을 위해'라는 말과 동일한 의미인 것이죠.

회사에는 여러 개의 조직이 있습니다. 기본 단위인 팀이 있고 상위로 올라가면 실, 본부, 부문, 전사 이렇게 위계적으로 구성되어 있음을 아실 것입니다. 여기서 가장 중요한 조직은 무엇일까요? 우리 직원이 백 명이든, 천 명이든, 만 명이든, 십만 명이든 대부분의 조직 구성원들은 팀원이라 불립니다. 팀원 외 직책자들이 바로 팀장, 실장, 본부장, 부문장, 사장, 회장이죠. 가장 많은 수가 있다는 것은 그만큼 중요하다는 것을 의미합니다.

모든 구성원들은 회사의 경영목표 달성이 중요하다는 것을 알고 있습니다. 그렇다면 회사의 목표는 어떻게 달성되나요? 영업, 마케팅, 생산, 연구개발, 경영지원 등 각 부문이 자신들의 목표를 달성할 때 가능해지겠죠? 그렇다면 각 본부나 부문의 목표를 달성하려면 어떻게 해야 하나요? 하위 조직이자 기본 단위인 팀이 목표를 달성해야 가능하게 되겠죠. 결국 기본 단위인 팀이 목표를 달성하지 못하면 연쇄적으로 상위 조직의 목표 달성은 실패하게 됩니다. 그래서 팀의 성공이 곧 회사의 성공이 되고, 팀의 목표 달성이 회사 목표 달성의 근간이 되는 것입니다. 그렇다면 팀장의 목표는 무엇인지가 문제입니다. 팀장은 팀워크를 바탕으로 팀 목표를 달성하게 하는 사람이고, 팀의 목표 달성 여부로 평가를 받는 사람입니다. 누군가 "나는 조직에 충성하지, 사람에게 충성하지 않는다." 이런 말을 했는데요. 개인의 사적 이익을 위해 조직을 이용하는 사람을 빗대서 하는 표현이죠. 이렇게 하는 것이 가능하지도 않을뿐더러 요즘 조직의 팀장 중 이런 사람들도 거의 없습니다. 팀의 목표를 위해 최선을 다하는 팀장이라면 당연히 팀원들은 팀장을 위해, 팀장의 성과를 위해 최선을 다해주는 것이 맞는 거죠. 조금 강하게 이야기하면 팀장의 성과와 성공을 위해 노력하지 않는 팀원이라면 없는 편이 나을 것입니다.

  팀원들에게 질문했습니다. "어떻게 일하는 조직이 되었으면 좋겠는가?"라고요. 그러면 팀원들은 보통 "자율적으로"라고 말합니다. 이 질문을 팀장에게 해도 답은 거의 동일합니다. 팀장 역시 팀원들이 스스로 알아서 자율적으로 일하는 조직을 바란다면서 말이죠. 자율의 중요성은 매우 큽니다만, 자율에는 전제가 있습니다. 바로 '책임'을 다해야 한다는 것이죠. "자율을 줄 테니 책임을 다하라."가 팀장들이 팀원들에게 제시해야 할 일하는 중요한 방식입니다. 책임이란, 팀의 목표를 달성하는 것을 의미합니다. 팀장이 생각하는 팀의 목표를 팀원들이 중요하게 생각하고 가장 우선순위에 두게 하는 것이 필요합니다.

팀장 입장에서 팀의 목표를 모르거나 중요하게 생각하지 않는 팀원에게 자율을 주는 것은 사실상 불가능합니다. 자율의 전제는 목표를 인식하고 이를 책임지는 것입니다. 요즘은 팀장들이 의사결정만 하거나 지시만 하는 위치에 있지 않습니다. 실무자처럼 많은 실무를 담당하고 있습니다. 그래서 팀장은 바쁘고 많은 업무로 지치게 됩니다. 팀장과 팀원이 동일한 목표를 가지도록 한 방향으로 일치시키지 못하면 가장 큰 피해는 팀장이 보게 됩니다. 팀 구성원들에게 팀 목표를 일치시키는 것은 팀장의 핵심역량 중 하나입니다.

물론 이런 질문을 할 수도 있습니다. "팀워크가 더 중요하지 않나요?" 이에 대한 답은 간단합니다. 목표가 같아야 팀워크가 생기겠죠.

"자기 일정과 계획만을 고수하면서 팀장의 관심사는 항상 뒷전인 팀원들, 어떻게 하죠?"

만약에 팀원 개개인이 팀장이 중요하게 생각하는 우선순위를 자신의 업무 우선순위에 놓는다면 어떤 기분이 들까요? 답은 명쾌하겠죠. 기분이 좋으면서 본인의 탁월한 리더십에 감탄하게 되죠. 이런 상황이면 팀장 입장에서는 팀원을 일일이 간섭하지 않고 믿고 맡길 수 있을 것입니다. 여기에서는 팀원들이 팀 목표를 우선순위를 두고 일하게 하는 쉬운 방법을 알아보도록 하겠습니다.

팀원들에게 배려심이 많은 팀장은 반대로 담당 임원에게는 질책을 자주 받습니다. 그 이유는 임원의 지시에 제 시간을 맞추지 못하기 때문입니다. 그리고 "언제까지 할 수 있겠냐?"고 물으면 일정을 최대한 늦추려고 합니다. 하루는 담당 임원이 짜증을 냅니다. "자네는 일처리가 항상 늦는 것 같아. 일은 스피드가 중요한데 자네에게 맡기면 답답해."라고 하면서요. 팀장은 막상 질책을 들으니 답답합니다. 팀원들 누구 하나 놀고 있는 사람 없고 정신없이 일을 하고 있다고 생각하는데, 급히 처리할 업무가 생기면 팀원들에게 업무를 지시하기가 부담이 되는 것입니다. 더 답답한 것은 팀원들은 모두 열심히 일하고 있는데 팀의 성과는 저조하다는 것입니다. 바쁜 팀원들을 배려하다 보니 임원에게 본인만 부정적인 피드백을 받고, 밀어 붙이자니 힘들어 하고 싫은 내색하는 팀원들을 어떻게 해야 할지 고민이 많습니다.

근로시간이 단축되면서 예전처럼 여유 있는 업무처리는 불가능해졌습니다. 저녁 때 밥 먹고 야근하는 것을 독려하기도 불가능한 상황입니다. 정해진 시간에 몰입을 해도 시간은 부족하죠. 그런데 우리가 하는 많은 일은 크게 두 가지 기준으로 고민해 봐야 합니다. 급한 일인가? 또는 중요한 일인가? 이것이 바로 우선순위 입니다. 팀원들이 중요도를 알고 우선순위에 맞게 업무하는 것이 중요합니다. 이 부분에서 팀장과 팀워크를 맞춰야 합니다. 즉, 팀장이 긴급하고 중요하게 생각하는 일을 그에 맞춰 처리해 주어야 하는 것이죠. 이를 위한 전제로 팀장과 각 팀원이 우선순위에 대한 합의를 하는 것이 중요하겠습니다.

세계적인 혁신 기업 인텔의 keep your job이라는 제도를 소개합니다. keep your job이란, 쉽게 표현하면 팀장-팀원의 업무 우선순위를 위한 코칭이라고 할 수 있겠습니다. 팀장이 처음 팀을 맡았을 때 또는 새해 업무를 시작할 때 진행합니다. 방식은 간단합니다. 포스트잇 2장만 가지고 있으면 됩니다. 팀장과 팀원이 포스트잇을 각각 한 장씩 나눠 가집니다. 팀장이 해당 팀원에게 업무상 기대하는 것 5가지를 적습니다. 해당 팀원은 팀장이 자기에게 업무상 기대하는 것 5가지를 적습니다. 팀장은 미팅 전 생각해 보고 미리 적어 놓는 것도 좋겠죠. 여기서 팀장이 기대하는 것에는 "건강했으면 좋겠다.", "활기차게 일했으면 좋겠다."와 같은 사적인 내용이나 업무태도를 작성해서는 안 됩니다. 수행해야 할 업무에 집중해서 작성해야 합니다. 그리고 서로 맞춰 봅니다.

인텔에서는 서로 맞추어 본 후 4개 이상 맞지 않으면 keep your job을 할 수 없다고 생각합니다. 해고라는 이야기입니다. 팀원으로서 팀장이 업무 상 기대하는 것 5가지를 모르면 어떻게 일을 할 수 있겠냐는 것입니다. 선진 기업은 가장 중요한 단위인 팀장과 팀원의 목표 일치를 아주 중요하게 생각합니다. 아주 쉬운 방법이면서 효과적인 방법입니다. keep your job을 실시하면 우리 팀원은 팀장들과 몇 개 정도가 맞을까요? 여러 대기업들을 대상으로 실시한 바로는 평균 2.1개 수준이었습니다.

팀장이 무엇을 중요하게 생각하는지 알고 있는 비율이 40%

정도라는 이야기죠. 즉, 절반이 안 되는 비율로 팀장이 중요하게 생각하는 일을 하고, 절반 이상의 비율 정도로 팀장의 팀 목표 달성에 상관없는 일을 하고 있다는 이야기입니다. 팀원들은 업무에 몰입해 최선을 다해 일하지만 실상 역량의 60% 이상은 활용하지 못하다는 말입니다. 중소기업도 조사를 해 봤는데 1개 수준이었습니다. 팀장의 리더십과 조직관리 수준이 낮다면 팀장과의 목표 일치가 더 쉽지 않을 것입니다. 그렇다면 도대체 어떻게 해야 할까요?

팀장이 기대하는 것이 3개 이하인 경우라고 해서 현실에서 해고시킬 수는 없겠죠. 개선을 위한 코칭을 해야 합니다. 팀장인 내가 당신에게 기대하는 것은 이런 것이니 앞으로 우선순위에 두고 업무를 수행하라고 요구해야 합니다. 연초에 한 번만 하면 될까요? 아니겠죠. 바쁜 업무를 하다 보면 잊어버릴 수 있습니다. 정기적인 관리가 필요합니다.

새로 팀을 구성하였거나 처음 실시하는 경우라면 분기 단위로 하는 것이 좋겠습니다. 3개월 후에 했는데 또 3개 미만만 맞을 수도 있습니다. 그때 다시 알려주셔야 합니다. 또 1년 정도 시행했으면 그 결과를 보고 다음 해부터는 상, 하반기 시간을 정해 진행하면 좋습니다. 갑자기 시행하지 말고 직원들에게 '업무 우선순위 코칭 세션'이라고 일정과 안건을 사전에 공지하고 진행하십시오. 이것이 안착되면 사사건건 직원들 업무에 관여하지 않더라도 목표를 일치시켜 갈 수 있습니다.

keep your job을 실시한 팀장들과 워크숍을 진행한 적이 있습니다. 워크숍의 내용은 어떤 유형의 팀원들과 업무 우선순위가 많이 맞는지를 알아보는 것이었습니다. 한 번 생각해 볼까요?

워크숍의 결과, 세 가지 경우에 업무 우선순위가 많이 일치했습니다. 첫째, 팀장과 소통이 많은 직원이 일치도가 높았습니다. 소통이 많으면 팀장의 우선순위도 잘 알겠죠. 둘째, 팀장과 함께 한 시간이 많을수록 일치도가 높았습니다. 업무 스타일이나 일하는 방식을 잘 알기 때문이겠죠. 이러한 측면에서 보면 회사나 팀의 신규 입사자와는 일치도가 낮을 가능성이 높으니 좀 더 노력해야 할 것입니다.

마지막으로 팀장에게 맞추려는 팀원은 일치도가 높고, 반면에 자기중심적으로 일하는 팀원은 일치도가 낮았습니다. 자기중심적으로 일하는 팀원이라면 아무리 업무 역량이 뛰어나더라도 팀장의 성과에 도움이 안 될 가능성이 높다는 점을 의미합니다. keep your job은 아주 간단하게 팀장과 팀원의 목표를 일치시키는 방법입니다. 하지만 효과는 아주 큰 방식입니다. 현업에서 적극적으로 적용해 보시기 바랍니다.

세 번째. 답변을 부탁해!

"지시사항과 다르게 엉뚱한 일을 해오는 팀원, 무엇이 문제인가요?"

만약에 기간이 정해진 중요한 일을 지시했는데 팀원이 엉뚱한 결과를 가져와서 그 일이 실패하게 되었다면 어떻게 하겠습니까? 많이 일어나는 일이지요. 답답한 마음이 많이 들 것입니다. 일단 내가 지시한 것대로 일을 못해왔으니 직원을 질책할 수 있는데요. 그렇게 해본들 결과가 바뀌지는 않습니다. 결국 화풀이를 하는 상황이 됩니다. 그때 우리가 생각해 볼 문제가 있습니다. 제대로 업무지시를 했는데 엉뚱한 일을 해왔다면 무엇이 문제일까요?

팀장들은 수시로 구성원들에게 업무지시를 합니다. 지시한 대로 결과가 나오는 것이 일반적인 경우죠. 종종 잘못된 경우가 발생해도 경미한 일인 경우 그냥 넘어갑니다. 그런데 문제는 결정적인 실수가 발생하는 경우입니다. 내가 직접 했으면 억울하지도 않은데 팀원이 잘못해 오면 화가 납니다. 팀장들에게 물었습니다. "팀원들이 엉뚱한 일을 하는 이유는 무엇인가요?" 어떤 분들은 팀원들이 주인의식이 없어서, 책임감이 없어서, 일에 의욕이 없어서 라고 대답을 했습니다.

기업에서 역량 있는 팀장들에게 물었습니다. 답변은 심플하게 통일되어 있었습니다. "업무 지시를 잘못했네요." 그리고 다른 이유를 찾는 다면 "지시사항을 제대로 이해하지 못했네요."라는 대답이었습니다. 또 업무지시도 제대로 했고 이해를 정확히 했는데도 엉뚱한 일을 해온다면 "업무역량이 부족해서"라고 답을 합니다. 또한 업무지시를 받는 팀원들에게도 동일한 질문을 했습니다. 대답은 팀장들과 동일했습니다. "업무지시가 잘못되었네요."가 가장 많았습니다. 이러한 사례로 볼 때 팀장을 비롯한 리더라면 업무를 정확하게 지시하는 것이 중요합니다.

팀원들이 엉뚱한 일을 하지 않도록 하는 것은 팀장의 역량에 달려 있습니다. 제대로 이해를 못했거나 역량이 부족한 경우 팀장은 지적할 수도 있고 개선을 위한 코칭도 할 수 있습니다. 그리고 팀원들은 노력해서 이를 해결해야 합니다. 문제는 팀장이 지시를 잘못하는 경우 팀장 외에는 해결할 방법이 없습니다.

팀장은 수시로 업무지시를 합니다. 팀장은 본인이 해야 하는 실무도 있겠지만 대부분은 팀원들과의 팀워크를 통해 성과를 냅니다. 팀 목표 달성을 위해 제대로 업무를 지시하는 쉬운 방법이 있습니다. 3W1H로 지시하면 좋습니다. 3W1H는 간단한 앞 글자를 딴 방법입니다. What, Why, When, How입니다.

What은 무엇을 지시하는지 정확히 이야기하라는 것입니다. 무의식 중에 쓰는 표현이 '대충'과 '잘'입니다. "대충해와 봐요" 상식적으로 말이 안 되는 것 같지만 의외로 많은 팀장들이 이런 표현을 씁니다. "잘해와 봐요"도 마찬가지로 습관화된 표현입니다. 그러면 팀원들은 상상을 해서 일을 해야 합니다. 팀원 중에는 "이것을 하라는 말씀이시죠?"라고 묻는 경우도 있지만 그 수는 많지 않습니다. 지시하는 업무 내용은 정확히 알려줘야 합니다. 다음으로 Why는 '왜 그 일을 해야 하는지' 목적을 말합니다. 단순하게 지시하는 것은 좋지만 배경설명이 없어서는 곤란합니다. 팀원들은 기본업무가 있고 수시로 팀장이 지시하는 업무가 있습니다.

짧은 시간에 많은 업무를 진행하는 팀원들은 종종 이 일을 왜 하는지 고민할 시간이 없다고 합니다. "일단 하고 나서 생각해 보자."라고 하는 경우가 있습니다. 의도를 모르면 일의 완성도는 떨어집니다. "고객 컴플레인 사례를 정리해서 보고하라."고 한 경우, 팀장의 의도는 상황별 컴플레인 사례를 통해 대응하는 방법을 인식하고 클레임으로 가는 것을 막고자 하는 의도가 있었습니다. 그런데 의도와 목적을 모른 채 컴플레인 사례만 정리하면 부실한 보고가 되겠죠. 다음으로 모든 보고는 기한이 있어야 합니다. When 인데요. "신속하게 보고해 달라.",

"빨리 준비해 달라.", "천천히 준비해 달라."와 같이 주관적인 표현을 사용하는 경우. 팀장의 시간과 팀원의 시간은 차이가 있을 수 있다는 것입니다. 팀장은 '신속하게'가 당일일 수 있지만, 팀원은 다음 날 또는 이틀 후 등으로 생각할 수 있습니다. 일자를 정확하게 제시하고 촉박한 업무는 시간까지 제시하는 것이 맞습니다. 여기서 중요한 것이 있습니다.

기한에 대해 '지시하는 것'보다 '합의하는 것'이 필요하다는 것입니다. 예를 들어 금주 중으로 보고하라는 지시를 받은 경우, 팀원은 무리가 있다고 생각할 수 있습니다. 하지만 팀장의 지시이니 최대한 맞춰 보겠다고 생각하고 "알겠습니다."라고 말합니다. 그런데 일을 하다 보니 시간을 못 맞춥니다. 팀장은 지시한 일정대로 완료를 못하니 질책을 하게 되고 팀원은 항변을 합니다. "지시하신 사항이라 최대한 마무리하려 했는데 다른 중요한 업무 때문에 맞추기 어려웠다."라고요.

질책이 무색하게 되고 감정 또한 상할 수 있습니다. 그래서 기한을 정할 때 필요한 것이 바로 '합의'입니다. "지시도 마음대로 못하고 합의하나?"고 항변 할 수 있는데 간단한 방법이 있습니다. "가능한가요?", "어려움이 있을까요?", "시간이 더 필요할까요?"와 같이 한 번만 더 질문을 하는 것입니다. 팀원들은 할 수 있는 일을 일부러 늦추려고 하지 않습니다. 오히려 상황을 이해해주는 팀장으로 존중 받을 수도 있습니다. 특히 팀원이 부득이한 상황을 공유해주면 팀장이 예상되는 장애를 제거해 줌으로써 더 완성도 있는 결과를 만들 수 있습니다. 끝으로 How는 방법을 같이 찾으라는 말입니다. 일반적으로 팀장이 업무지시를 할 때는 전체적인 상황을 이해하고 방법에 대해서도 어느 정도 고민이 된 상태입니다. 이 때 "이런 방법도 생각해 보자.", "여기서 도움을 받아 보면 좋겠다."와 같이 함께 방법을 찾는 것도 도움이 됩니다. 사실 3W1H는 팀장들이 일반적으로 지시하는 방법입니다. 다만, 시간이 급하거나 중요한 상황에 부딪히다 보면 놓칠 수 있는 것들이라 지시 방법으로 습관화 하면 좋겠습니다.

　마지막으로 올바르게 지시를 하더라도 반드시 확인이 필요합니다. 특히 올바르게 이해했는지를 확인하는 방법입니다. 군대 다녀온 분들이라면 아실 텐데요. 상관이 지시한 사항을 부하가 정확히 이해했는지 확인하는 방법이 있습니다. 바로 '복명복창'입니다. '복명복창'을 하라고 하면 거부감이 있을 테니 이를 영어로 표현하면 'Report Repeat' 입니다. 줄여서 RR이라고 합니다. 조직력이 강한 팀은 업무 지시를 받고 나면 "예" "넵", "알겠습니다."와 같이 마무리하지 않습니다. 팀장이 지시한 사항을 RR하는 것입니다. 이때 팀원이 이해를 잘못한 경우,

바로 팀장이 바로잡아 줄 수 있습니다. "이렇게 처리하라는 말씀이죠.", "이때까지 처리하겠습니다.", "이런 방법으로 추진하겠습니다."와 같이 지시와 이해의 불일치를 없애는 좋은 방법입니다. 업무지시를 엉뚱하게 하지 않으려면 팀장은 3W1H로 지시하고 팀원은 RR하는 것만 해도 대부분의 업무 목표는 일치시킬 수 있습니다.

타인에 대한 이해

사람관계는 인생의 행복과 성공에서 중요한 영향을 미칩니다. 사람관계는 나와 타인의 관계이므로 타인에 대한 이해 즉, 사람을 파악하는 능력은 사람관계의 핵심입니다. 그래서 내가 좋아하는 사람과는 친구가 되고, 좋아하지 않는 사람과는 일정한 거리를 두는 것이 필요합니다. 그러나 사람을 파악하는 것은 쉽지 않습니다. "나도 나를 잘 모르겠다."라고 이야기합니다. 부부도 마찬가지입니다. 어떤 50대 남편에게 가치카드를 가지고 아내가 중요하게 생각하는 가치 3가지를 뽑아 보라고 했습니다. 아내는 '감성, 도전, 자율'이라는 가치를 뽑았는데, 남편은 아내에 대해 '논리, 안정, 책임'과 같은 가치를 중요시 하는 줄 알았다고 합니다. 30년을 같이 산 남편도 아내가 중요하게 생각하는 가치를 모를 뿐 아니라 오히려 거꾸로 알 정도입니다. 부부 간에도 잘 모르는데 타인을 잘 안다는 건 어렵습니다. 사람관계에서 상대방을 잘 모른다는 것은 좋은 기회를 놓칠 수도 있고 실수로 어려움에 처할 수도 있어 중요한 문제가 됩니다.

우리가 타인을 안다는 것은 무엇을 의미할까요?

사람에 대해 안다고 할 때는 세 가지 물음에 대해 아는 것이 필요합니다. 내가 아는 것, 내가 알 수 있는 것, 내가 알아야 할 것입니다.

① 내가 아는 것은 무엇인가?

같이 지내면서 자연스럽게 알 수 있는 것을 말합니다. 직장 동료인 경우 어느 부서에 있는지, 나이는 몇 살인지, 학교는 어디를 나왔는지, 결혼했는지 등과 같은 정보입니다. 우리는 이런 것을 많이 알고 있으면 사람을 잘 안다고 말합니다. 이런 면에서 부부는 아는 것이 가장 많은 관계라 하겠습니다.

② **내가 알 수 있는 것은 무엇인가?**

내가 아는 것을 늘리는 것입니다. 물어봐서 알 수도 있고 찾아보면 알 수 있는 것입니다. 다른 사람을 통해서도 알 수 있습니다. 페이스북, 인스타, 트위터, 블로그 등 소셜 네트워크 서비스(Social Network Service)를 통해 사람에 대해 알 수 있는 것들이 많아졌습니다.

③ **내가 알아야 하는 것은 무엇인가?**

타인을 안다고 할 때 가장 중요한 것이라 하겠습니다. 사람이 중요하게 생각하는 것 중에 가치관이 있습니다. 가치관은 친구가 될 수 있는지 아닌지를 결정하는 중요한 요소입니다. 경영자는 경영자 친구가 많고, 정치인은 정치인 친구가 많고, 성직자는 성직자 친구가 많은 원리입니다. 비슷한 가치관을 가진 사람들은 친구가 됩니다.

80억 인구 중 똑같은 사람은 단 한 명도 없습니다. 하지만 비슷한 생각을 가진 사람은 있습니다. 그래서 친구도 되고 인생에 의미 있는 사람도 되는 것입니다. 일을 중요하게 생각하는 사람, 사람관계를 중요하게 생각하는 사람, 창의적인 사람, 통제적인 사람, 협력적인 사람, 경쟁적인 사람 등 다양한 유형이 있습니다. 상대방이 어떤 사람인지 알 수만 있다면 쉽게 사람을 평가하고 불필요한 갈등이 생기는 것을 줄일 수 있습니다. 좋아하는 사람이나 자기 삶에 중요한 영향을 미치는 사람에 대해서는 관심을 가지고 살피고 관찰하는 것이 중요합니다. 그래서 그 사람이 좋아하는 것을 해주고 그 사람이 싫어하는 것은 하지 않는 게 필요합니다.

갈등 없는 팀 만들기
Work Rule

신호등이 있는 도로와 신호등이 없는 도로는 보행자와 운전자의 안전에 큰 영향을 미칩니다. 신호등이 없는 도로는 보행자를 위험하게 만들고 운전자는 사람들을 살피느라 빠르게 달릴 수 없습니다. 업무 현장도 마찬가지 입니다. 해야 할 행동과 하지 말아야 할 행동이 정해져 있지 않으면 구성원들은 끊임없는 혼란과 이로 인한 갈등에 시달릴 수밖에 없습니다. 갈등 역시 발전적인 갈등 보다는 불필요한 갈등이 만연하게 됩니다.

회의에서 한 마디도 하지 않는 구성원, 일정을 지키지 않고 늦게 보고하는 구성원, 동료 간의 협력보다는 개인의 이해만 내세우는 구성원, 개인적인 일을 처리하느라 업무를 미루는 구성원, 지각하는 구성원. 이런 구성원들이 많다면 조직의 역량이 모이기는커녕 불필요한 갈등으로 조직력을 떨어뜨리게 됩니다. 업무를 하면서 해야 할 행동과 하지 말아야 할 행동을 정해 놓는 것을 그라운드 룰이라고 합니다. 조직에는 나이, 성별, 성격 등 다양한 개성을 가진 사람들이 모여서 일을 합니다. 개성이 다르면 일하는 스타일도 다릅니다. 기성세대는 주로 인사와 예의를 중요하게 생각하지만 젊은 세대들은 다르게 생각하는 경우가 많습니다. 젊은 구성원들은 개인의 이해와 개성을 존중해야 한다고 생각하지만, 이 역시 기성세대의 생각과는 차이가 존재합니다. 개인의 일하는 스타일 역시 다릅니다.

시대상도 예전과 비교해보면 많이 변했습니다. 과거에는 장시간 근로가 일상적이었기 때문에 지금 같은 근로시간 단축 시대와는 달랐음을 알 수 있을 것입니다. 시대와 세대에 따라 일하는 스타일과 방법이 다르기 때문에 그라운드 룰을 만들지 않으면 조직력을 발휘하기란 쉽지 않습니다. 또한 공감과 토론을 통해 합의하지 않으면 불필요한 갈등 역시 줄일 방법이 없습니다. 그라운드 룰을 정하고 지키게 만드는 것은 팀장의 역량 중 핵심입니다.

"이해되지 않는 일을 물어보라고 해야 할까요?
스스로 풀어내게 해야 할까요?"

만약에 우리 팀원이 업무지식이나 정보에 대해 수시로 끊임없이 질문을 한다면 어떨까요? 그래도 긍정적인 조직문화를 가진 팀이라고 볼 수 있겠죠. 팀장들의 예전 실무자 시절을 떠올려 보면 그 당시 팀장은 고사하고 선배들에게 물어보는 것조차도 힘겨웠던 시절이 있었으니까요.

다시 현실로 돌아와서 보죠. 조직문화가 예전보다 좋아졌으니 지금 팀원들에게 업무를 차근차근 가르쳐 주고 있나요? 아마 줄어든 근무시간과 워라밸 등으로 일 할 시간이 많이 부족한 것이 현실일 것입니다.

상황은 분명 예전보다도 시간적 여유가 있지 않습니다. 팀원에게 기획안을 준비하라고 했더니 예정된 시간을 넘어 함흥차사인 경우가 빈번합니다.

물론 우리의 팀원은 각종 학술자료를 찾고 경제연구소 자료까지 확보하고 외국자료 번역까지 하는 등 엄청난 열정과 시간을 투자합니다. 고생은 엄청나게 하는데 업무는 더디기만 합니다. '물어 보면 금방 알려줄 텐데.'라고 팀장은 생각합니다. 그런데 돌이켜보니 언젠가 그 팀원이 질문을 했었는데 스스로 찾아서 하라고 했었던 것 같습니다.

그래도 물어보라고 팀원에게 이야기를 하자니 일관성이 없다고 느낄까봐 조심스러워 집니다. 이런 상황은 어떻게 해야 할까요?

팀장들이 팀원일 때 이런 생각을 많이 했을 것입니다. 질문을 많이 하면 능력이 없어 보이니 질문은 특별한 경우가 아니면 자제해야겠다고 하면서 말이죠.

실무자 시절, 스스로 찾아서 하는 과정에서 역량이 쌓이는 것 같아 희열도 느꼈을 것입니다. 좌충우돌하면서 이런 저런 시도를 통해 배우는 성취감 역시 컸음을 기억할 것입니다. 우리 팀원들도 이런 모습을 보였으면 하는 바람이 있을 것입니다. 그런데 지금의 환경은 어떤가요? 변화가 빠른 경영환경 속에서 적응하기에도 벅찬 시대가 되었죠. 그런데도 불구하고 팀의 자원은 한정적입니다. 시간, 인력, 예산 등 어느 것 하나 넉넉한 것이 없죠. 이러다 보니 팀원들이 스스로 성장하도록 놔둘 여유가 팀장님들에게는 없게 된 것입니다.

VUCA라는 표현을 자주 들어보았을 것입니다. 지금의 시대를 가장 잘 나타내는 키워드로 통하기도 하죠. VUCA란 기업을 둘러싼 경영환경이 얼마나 변동성이 크고(Volatile),

불확실하며(Uncertain), 복잡하고(Complex), 애매모호한지 (Ambiguous)를 나타내는 단어의 머리글자만 따서 만든 표현입니다. 이런 시대를 살아가는 직장인들에게는 성과를 내는 일이 이전보다 쉽지 않습니다. 이와 함께 일하는 시간마저 적어지게 된 것이죠. 산업화 시대처럼 24시간 중 잠자는 시간 빼고 일하는 시대가 아닌 것입니다.

예전처럼 시루에서 콩나물 키우듯이 장기적인 안목으로 구성원들의 역량을 키워줄 수가 없습니다. 냉철하게 생각해 보면 개인의 역량개발도 중요하지만 팀의 성과보다 우선순위는 아닙니다. 그렇다면 어떻게 해야 할까요?

변화된 환경에 맞는 그라운드 룰이 필요합니다. 우리는 업무 상황에서의 그라운드 룰을 주로 이야기 하니 워크 룰(Work Rule)이라고 명명하겠습니다.

위의 사례처럼 구성원들이 팀장에게 질문하는 것을 주저해서 팀 성과에 영향을 미친다면 워크 룰을 통해 자유롭게 질문할 수 있도록 만들어야겠죠. 팀원이 업무 상황에 대해 이해가 되지 않으면 물어서라도 빨리 일을 처리하게 만들어야 합니다. 물론 팀장이 "질문하라."라고 일방적으로 말하는 것이 아니라, 구성원들과의 합의를 통해 룰을 만드는 것입니다.

만약에 업무를 하다가 작은 허들이라도 발생하면 어떻게 해야 할까요?

예전에는 시간을 가지고 팀원이 스스로 해결할 수 있었는지도 모릅니다. 하지만 지금은 시간과 기회를 놓칠 수 없는 상황입니다. 만약 우리 팀에 그 일을 해결할 수 있는 사람이 있다면 금방 해결이 되겠죠? 이러한 허들을 바로 공유한다면 혼자서 끙끙대고 일을 크게 만드는 실수를 범하지 않을 것입니다.

업무의 많은 시간을 할애하는 회의에서도 워크 룰은 필요합니다. 사전에 자료 및 안건 공유, 30분 내 회의, 회의 종료 후 2시간 내에 회의록 공유 등 효율성을 꾀할 수 있는 워크 룰을 함께 만드는 것입니다. 보고도 마찬가지입니다. 간결하고 명확한 보고서 작성, 최종보고 전 반드시 중간보고 하기 등 우리 상황에 맞는 룰을 합의해서 만들 수 있겠죠.

중요한 것은 모든 영역을 세세하게 만드는 것이 아니라 팀 업무 성과를 높이는데 있어 우선순위 영역을 선정하고 만들어 나가는 것입니다. 일회성에 그치지 않고 지속적으로 개선해 나가는 것 역시 중요합니다.

두 번째. 답변을 부탁해!

"업무 성과보다 예의를 중시하는 구성원들, 무엇이 문제인가요?"

신입사원이나 경력사원이 입사하게 되면 많은 기업들이 교육을 실시합니다. 회사 소개, 가치관 교육, 업무 교육 등 그 회사에 특화된 여러 가지 교육을 진행하게 되죠. 그 중 단골 메뉴 중의 하나가 직장 내 비즈니스 매너와 관련한 교육입니다. 팀장들도 기억을 더듬어보면 그러한 교육을 일부나마 받았던 기억이 있을 것입니다. 그만큼 조직 내에서 구성원 간 매너 또는 에티켓은 상당히 중요한 것으로 인식이 되어 있어서 그럴 것입니다. 만약에 우리 팀원들이 업무 성과를 내는 것 보다 서로 간에 예의를 지키는 것을 더 중요하게 생각한다면 어떨까요?

일단 나쁘지는 않은 것 같습니다. 위의 물음에서 보면 '업무 성과를 내는 것보다'라는 말이 전제로 깔려 있습니다. 예의가 중요하지 않다는 것이 아니라, 업무 성과는 뒷전이 된 상황에서 예의만을 중시하는 풍조라면 다시 한 번 생각해 봐야 하겠죠? 서로 간 예의와 업무 성과 중 무엇이 더 우선순위에 있는지 생각해 볼 필요가 있겠습니다.

최근 밀레니얼 또는 Z세대라 일컬어지는 젊은 구성원들은 이전 세대보다도 타인으로부터 방해 받는 것을 싫어하는 경향이 있습니다. 또한 본인이 방해받지 않는 만큼 타인을 방해하지도 않는 경향이 있다고 합니다. 문제는 이로 인해 팀의 업무 성과가 저해된다면 팀장은 어떻게 해야 할까요?

사무실 풍경을 보겠습니다. 퇴근 시간을 1~2시간 남겨 놓고 사무실 분위기는 갑자기 바뀝니다. 흡연을 한다거나 장시간 화장실에 있는 일, 어느 정도 시간을 필요로 하는 회의, 팀장의 피드백이 필요한 중요한 보고 등은 지양하고 개인 PC를 보면서 업무에 완전히 집중하는 경향이 있습니다. 왜 그럴까요? 바로 정해진 퇴근 시간 때문입니다. 위에 열거한 일들은 자리에 앉아 업무를 하는데 있어 방해하는 요소들이기도 하죠. 심지어는 사내 메신저나 전화 등도 자제하고 있습니다.

팀원 입장에서 본인의 시간을 빼앗긴다고 생각하는 것은 가급적 배제하고 개인 본연의 업무에 집중하는 것이죠. 그러다 보니 오후 4시 이후, 팀원 간의 협업은 서로 부담이라고 느끼는 것이죠. 개인의 시간관리 측면에서는 나쁘지 않다고요?

물론 그렇게 생각할 수도 있습니다. 팀 또는 회사 측면에서 성과만 난다면 문제 없겠죠. 그런데 회사는 혼자 일하는 곳이 아닙니다. 열거한 사항들은 요즘 직원들의 변화된 업무스타일이라고 많이들 이야기 합니다.

근로시간 단축으로 오전에는 집중근무시간, 오후에는 고유 업무와 협업 시간 등으로 나누어 진행하는 회사도 있더군요. 그런데 문제는 퇴근하기 1~2시간 전에도 집중근무시간이 되어 버린다는 것입니다.

팀원 한 명이 오전에 집중해서 본인의 업무를 끝냈다 하더라도, 팀장 또는 다른 구성원의 시간을 빼앗은 것 같아 미안한 마음에 업무 협조나 회의 등을 요청하지 않는 것이죠. 미안한 마음이 없더라도 그렇게 하면 본인을 비롯해 서로간의 퇴근이 늦어지므로 시도하지 않는 경우가 있는 것이죠. 그런데 팀장으로서 이러한 현상은 예의를 지키는 것이 아니라 개인주의화 되는 것은 아닌지 고민해봐야 하는 것입니다.

구성원 간 예의를 지키는 것이 팀의 성과 보다 우선순위에 있지는 않습니다. 서로 예의 있어 보이는 태도들이 업무 성과에 시너지를 내지 못하는 요인이라면 개선해야 할 사항인 것입니다. 현재 만연된 분위기라 어떻게 개선해야 할 지 고민이 된다고요? 이것 역시 변화된 환경에 맞는 워크 룰이 필요한 상황인 것입니다.

퇴근 1~2시간 전이라도 팀의 성과를 위해서는 미팅, 회의, 보고를 해야 합니다. 다만 서로 부담을 느끼거나 개인생활이 침해받는다는 생각이 들지 않도록 만들어야 합니다. 워크숍에서 이런 감정들이 실제로 드는지도 서로 공유할 필요가 있습니다.

직장에서의 예의도 마찬가지입니다. 예의가 중요치 않다고 생각하는 사람은 없습니다. 특히 출퇴근 하면서 서로 인사를 하거나 상황에 맞는 커뮤니케이션 태도를 갖는 것 등은 중요하죠. 허울뿐인 격식이나 개인주의화된 태도들이 문제인 것입니다. 이러한 것들도 팀 내에서 합의하고 실행하면 됩니다. 아이디어 제안도 마찬가지입니다. 아무리 영양가 없는 아이디어라고 생각되더라도 비난이나 부정적인 평가를 한다면 그 팀의 새로운 아이디어는 고갈되고 말 것입니다. 이런 상황에서는 예의가 기반이 되어야겠죠.

정리하면 성과라는 목표를 함께 바라보면서 가되 예의를 가장한 개인주의를 지양하고 우리 팀에 필요한 소통과 협력의 워크 룰을 만들자는 것입니다.

"팀원들의 너무 잦은 휴가, 못 쓰게 할 수도 없고 어떻게 해야 할까요?"

만약 팀원에게 업무지시를 했는데 다른 팀원이 휴가인줄 몰라서 업무를 완수할 수 없었다고 하면 어떻게 하겠습니까?

또는 업무를 시키려고 보았더니 팀원이 오늘 휴가인 경우도 있을 수 있죠. 팀원은 한 달 전에 휴가를 신청했는데, 팀장 입장에서는 너무 오래 전에 휴가 신청서를 받은 것이라 당일 인지하지 못하는 경우도 있을 수 있습니다. 이미 결재가 완료된 상황이라 뭐라 말할 수도 없는 상황입니다.

요즘에는 예전보다 휴가를 자유롭게 쓰지만, 팀원들끼리 휴가를 간다고 이야기 하지 않는 경우가 종종 있습니다. 특히 소통이 안 되는 조직일수록 이런 경우는 더 많다고 할 수 있습니다. 휴가 때문에 일이 지연된다고 휴가를 못 가게 할 수도 없고 이럴 때는 어떻게 해야 할까요?

요즘 회사마다 편차는 있겠지만 휴가 또는 연차를 사용하는 것이 자유로운 편입니다. 휴가사유 기재란을 아예 없애버린 회사도 많습니다. 조직문화의 활성화 차원에서 이러한 시도들이 많이 생겨나고 있는 것이죠.

문제는 휴가 결재를 하는 팀장만 알고, 정작 일을 같이 해야 하는 팀원들은 모르는 경우가 많다는 것입니다. 이로 인해 서로 간에 불편한 오해들도 생겨나고 있고요.

예를 한 번 들어볼까요? 오늘 A과장은 나름 계획을 가지고 있습니다. 오전에 B대리에게 자료에 대한 업무협조를 받고 이를 바탕으로 오후에 팀장에게 보고한다는 완벽한 계획!

그런데 B대리가 휴가를 낸 것입니다. 이런 사실을 모르니 B대리를 기다리다 오전 시간이 가게 됩니다. 오전에 자리를 비운 걸 보니 다른 부서와 회의가 있거나 또는 오전에 외근이 있다고 생각한 것이죠. 그런데 뒤늦게 B대리의 휴가 사실을 알게 된 것입니다. A과장은 괘씸한 마음도 들고 한편으로는 이를 미리 체크하지 못했다는 자책을 하게 됩니다. 한 가지 중요한 사실은 오늘 오후에 업무를 완료할 수 없다는 것입니다.

예전에는 회사 분위기상 휴가 쓰기가 어렵다 보니 휴가를 독려하기 보다는 미사용분을 수당으로 지급하기도 했습니다. 심지어 팀장이 현재 중요한 시기임을 거론하며 휴가를 반려하기도 했으니 이런 일은 별로 일어나지 않았던 것이죠.

정말 예전하고는 다르게 업무 환경이 변한 것 같습니다. 팀원들이 휴가를 자주 사용하기도 하고 장기간 편하게 사용을 합니다. 조직문화 측면에서나 워라벨 측면에서 보면 바람직한 상황일 수 있습니다. 그리고 서로 개인적인 일에 대해서는 관여하지 않는 것이 새로운 관습(?)으로 정착되어 가고 있죠. 그러나 혼자서 하는 일이 아니라 협업을 주로 하는 팀에서는 이에 대한 대책은 필요합니다. 휴가를 가지 말자는 것이 아니라 휴가 일정을 사전에 공유해야 한다는 것이죠. 당연한 말이라고요? 당연하지만 그렇지 않은 상황이 많기에 이러한 공유가 문화로 정착되어야 한다는 것입니다.

이는 개인에 대한 프라이버시 침해가 아니라 팀워크를 위한 의무사항입니다. 사실 공유를 한다고 해서 개인에게 피해를 주는 경우는 따지고 보면 없습니다. 서로 공유하면서 업무일정을 조율할 수 있기 때문에 이는 필수로 해야 하는 것입니다. 그렇다면 해결책은 무엇일까요? 휴가를 무조건 공유해야 한다는 지시만으로는 구성원들의 긍정적 호응을 얻기 어려울 것입니다. 휴가 공유 역시 그라운드 룰이 필요합니다.

개인 일정이 공유되지 않으면 팀워크를 발휘하기 어려운 경우가 많음을 앞에서 살펴보았습니다. A기업은 월1회 팀 미팅에서 개인 휴가일정을 공유합니다. 돌발적인 휴가(예를 들어 갑작스러운 집안 경조사라든가 병원에 가야 하는 상황 등)는 바로 공유합니다.

업무 일정과 내용도 공유가 되어야 합니다. 월간 또는 주간 팀 미팅에서 이런 부분은 명확하게 공유되어야 합니다. 다만, 회의를 통해서만 공유되는 것은 부족합니다.

업무 공유시스템이 있으면 좋고, 없으면 구글 캘린더나 아웃룩과 같은 범용 시스템으로 공유하는 방법도 있습니다. 온라인이 안 된다면 오프라인 방식을 쓸 수도 있겠죠. 예전에 제가 팀장으로 있었던 모 기업에서는 매일 아침 구성원들과 비주얼 플래닝(Visual Planning)의 일환으로 20분 내의 스탠드 미팅을 했던 경험이 있습니다. 매일 서로 간에 업무 상황과 일정, 지원요청 사항 등을 공유합니다. 물론 휴가와 연차 상황도 공유가 되니 팀워크는 상당히 좋아졌으며 성과 또한 시너지가 나서 신나게 일했던 기억이 납니다.

또한 간과하지 말아야 할 점은 업무시간에 있어서의 몰입입니다. 업무시간에 개인 용무를 본다거나 중요하지 않은 일처리도 제어를 해야 합니다. 그리고 출근시간과 지각도 룰에 의해 제어가 되어야 하겠죠. 이러한 룰 역시 구성원들과 합의를 통해 만들고 실행해야 구속력이 있습니다. 업무 완료 또는 보고도 기한과 약속을 반드시 지켜야 합니다.

한마디로 정리한다면 근태와 몰입에 대한 그라운드 룰은 반드시 필요하다는 점입니다. 한 번 도입을 해본다면 분명 팀워크 향상 및 업무성과에 큰 도움이 될 것입니다.

리더를 위한 TIP

자율성을 통한 업무 스트레스 줄이기

스트레스는 만병의 근원입니다. 스트레스는 우리 몸의 모든 신경이 곤두서있는 상황입니다. 그래서 지속적으로 스트레스를 받으면 병을 얻게 됩니다. 직원들이 업무에서 받는 스트레스 중 시간과 평가에 대한 압박이 가장 큽니다. 일반적으로 직원들이 지금 수행하고 있는 업무는 자기가 가장 잘 하는 일입니다. 영업 직군은 영업 관리나 대고객 업무, 관리 직군은 회계, 인사, 총무 등의 업무, 생산 직군은 공장 내 생산과 관련된 업무 등 이번 생에 본인이 가장 잘 하는 업무입니다. 사람들은 자기가 잘 하는 업무를 할 때 자신감과 즐거움을 느낍니다. 그런데 직원들 중 일하는 것이 즐겁다는 사람은 적습니다.

이유는 시간 압박과 평가 압박 때문입니다. 여유 있게 자신이 시간을 조절하면서 일하면 즐겁겠지만, 업무환경에서는 시간제한이 있습니다. 1시간 안에, 오늘 안에, 이번 주 안에 같은 시간제한이 있습니다. 기한을 정하면 목표의식이 생겨서 좋다고도 하지만 상사가 정한 기한을 맞추려면 스트레스를 받을 수밖에 없습니다. 평가도 마찬가지입니다. 남과 비교하거나 비교당하지 않고 자기 일을 하면 필요 이상의 스트레스를 받을 일이 없습니다. 하지만 기업에서 벌어지는 상황을 보면 반드시 성과와 연계해서 잘 했는지 못했는지를 다른 사람과의 비교를 통해 평가받게 됩니다. 결국 직원들이 받는 업무 스트레스는 궁극적으로 시간과 평가에 의해 생기게 됩니다.

성과를 통해 이윤을 창출해야 하는 기업에서는 어쩔 수 없는 것 아니냐고 말합니다. 그렇다면 과연 시간 압박을 주고 평가를 통해 비교하는 방식이 성과창출에 가장 좋은 방법인가는 고민해봐야 합니다. 많은 기업들이 상대평가를 폐지하고 있는 추세입니다. 직원에게 압박감과 직원 간 불필요한 경쟁심만 부추길 뿐 성과에 도움이 안 된다는 이유때문입니다. 마이크로소프트, 어도비 등 세계적인 기업이 상대평가를 폐지하였고 글로벌 기업들의 전반적인 추세 또한 그렇습니다. 시간 압박도 마찬가지입니다. 창의적 아이디어가 필요하고 직원들의 폭발적 몰입을 일으키는데 있어 엄격한 시간 압박과 통제가 도움이 되지 않는다는 것입니다. 구글, IBM 등 선도적인 글로벌 기업은 자율성을 확대하고 보장하는 방향으로 조직을 운영하고 있습니다.

요즘 회사들은 직원들의 업무 스트레스를 줄여주기 위해 휴게실을 확대하거나 안마사를 두기도 하고 심리 상담을 지원하기도 합니다. 복리후생 측면에서 나쁠 것은 없지만 이게 최선일까 싶습니다. 일을 하면서 생긴 스트레스라면 일에서 생기지 않게 하는 것이 타당하지 않을까요? 자율적으로 일하는 환경을 만드는 것이 직원들의 업무 스트레스를 줄이는 가장 좋은 방법입니다.

팀 행동원칙으로
잘나가는 팀 만들기

최근 들어 많은 기업들이 일하는 방식의 개선 필요성을 공감하고 캠페인이나 워크숍, 교육 등 다양한 활동들을 전개하고 있거나 계획 중에 있습니다. 하지만 효과성에 대한 고민은 여전한 것 같습니다. 많은 기업의 일하는 방식 개선 또는 워크 스마트라는 이름으로 행해지는 활동은 전사 차원의 활동이 대부분입니다. 전사 차원의 지침을 만들어 회의를 1시간 이내로 하고, 보고서는 1페이지로 하고, 집중근무시간제 도입과 같은 형태들입니다. 이 활동이 잘못된 것은 아닙니다.

실제 전투에서처럼 처음에는 회사 차원에서 든든하게 대포를 쏴주어야 합니다. 이는 주의를 환기시키고 공감대를 형성하고 방향성을 잡는데 도움이 됩니다. 문제는 여기에 멈추는데 있습니다. 대포만 쏜다고 전쟁에서 이기지 못합니다. 전사적 조직문화 활동의 일환으로 시작되는 일하는 방식의 개선은 본사 조직문화팀이나 HR팀, 경영지원부서 등에서 주관하는 활동으로 오해할 수 있습니다. 그러다보니 각 개별 단위 조직인 팀에서는 자신들의 실정에 맞지 않는다는 불만도 생기게 됩니다. 결국 팀 단위의 일하는 방식 개선이 진짜 일하는 방식의 개선이라 할 수 있습니다.

실제로 조직 전체를 바꾸는 것은 기본 단위인 팀이 어떻게 움직이고 어떻게 성과를 내느냐에 달려 있습니다. 팀의 성과가 모여 본부나 부문의 성과가 되고, 이것이 궁극적으로 전사의 성과가 되는 것입니다. 기본적인 상식이라고 생각할 수 있지만 팀 차원의 이러한 활동 보다는 전사 차원의 일하는 방식의 개선이 주가 되는 이유는 다음과 같습니다.

첫째, 팀 단위에 조직문화 활동을 할 사람이 없습니다.

개인별로 부여된 목표만을 위해 일을 하다 보니 일하는 방식의 개선이 중요한 것을 알아도 이를 조직문화 활동으로만 치부하는 경향이 있습니다. 또한 눈에 잘 보이지 않을뿐더러 본인의 성과에 도움이 되지 않는다는 생각도 많습니다. 결국 부가적인 업무라고 생각하다 보니 팀장부터 팀원들까지 그 중요성에 대한 인식 수준도 낮고 가급적 담당자로 활동하고 싶어 하지 않는다는 것입니다.

둘째, 팀 단위에서의 조직문화 활동 경험이 없습니다.

팀 전체의 일하는 방식을 만드는 것도 팀장의 역할이라고 생각하는 경향이 많습니다. 또 구성원 입장에서는 목적이나 방향성에 대해 공감하지 못하는 경우 역시 많습니다.

마지막으로, 조직문화 활동은 팀 활동이 아니라는 편견입니다. 조직문화 활동을 주관하는 부서가 있는 만큼 회사 내 다양한 조직문화 활동은 주관부서 성과를 위한 활동이라고 단정지어버리는 경우도 많습니다. 전사 차원의 공통된 일하는 방식이 우리 팀과는 맞지 않는다고 생각해서 진지하게 고민하지 않는 경우도 있습니다.

조직문화 활동의 성공을 위해서는 위에서 열거한 변화를 저해하는 요소들을 타파해 나가야 합니다. 물론 조직문화 활동이 팀 구성원들의 피부에 와 닿지 않게끔 진행되는 것이 문제이긴 합니다. 하지만 팀장이 중심을 잡고 팀 단위의 조직문화, 특히 일하는 방식을 개선해 나가고자 한다면 분명 성과가 있을 것입니다. 그렇다면 막연하게 느껴지는 팀 차원의 조직문화 활동은 어떻게 해야 할까요? 서로 다른 세부 과제에 맞추어 복잡하고 어려운 프로세스를 만든다 한들 기능하지 않을 것입니다. 어렵게 생각할 것 없습니다. 일하는 방식은 비단 프로세스와 도구만을 의미하지 않습니다. 팀 구성원이 작은 것부터 실천할 수 있는 '팀 행동원칙'부터 만들어서 지속적으로 실천하면 되는 것입니다.

첫 번째. 답변을 부탁해!
"팀 행동원칙은 어떻게 만드나요?"

만약에 팀에 일하는 원칙이나 기준이 없다면 누가 제일 힘이 들까요? 우월을 따진다는 것이 좀 그렇지만 팀의 성과라는 측면으로 보았을 때는 팀을 전체적으로 책임지는 팀장이 가장 힘들 것 같다는 생각이 듭니다. 하지만 현실적으로 보았을 때 매일 매일의 업무 상황에서 정작 힘든 것은 실무자인 팀원들일 것입니다. 업무에 있어 낭비나 중복발생, 비효율의 만연, 원활하지 않는 소통 등 팀 환경이 힘들수록 팀원들은 매우 답답한 상황이 되는데요. 불평, 불만을 하지만 이것을 팀 차원에서 개선하기 위한 노력은 정작 부족합니다. 일만 잘하면 되지, 나만 잘하면 되지 라고 생각하고 팀의 일하는 방식이나 조직문화를 남의 일이라고 생각하는 경향이 개선하려는 노력을 하지 않게 만듭니다.

많은 기업이 신임 팀장에게 리더십 또는 매니지먼트 중심의 교육을 진행합니다. 또는 기존 팀장들을 대상으로도 보수교육 차원에서 해마다 리더십 교육을 실시하곤 합니다. 여기서 다루는 내용 중 단골로 빠지지 않는 것이 바로 조직관리입니다. 이렇게 회사 차원에서는 리더십을 위해 많은 투자를 하는데, 왜 조직의 업무 효율성은 높아지지 않는 것일까요? 어떻게 보면 교육에서 다루는 내용들이 실제 현업에서 활용하기에는 쉽지 않은 것들도 있을 것입니다. 또한 현업에서 적용하기에 바쁘기도 하고 여러 복잡한 상황들을 고려하다 보니 잘 안 되는 경우도 있을 것입니다. 물론 팀장의 실천 의지도 중요하겠지만요.

결국은 현업에 돌아가 성과를 위한 활동에 매몰되다 보니 조직관리 측면의 실천은 뒷전이 되기 일쑤입니다. 거기에 전사차원의 조직문화 활동이 진행되는 경우, 팀 차원의 본질적 고민보다는 전사 활동에 대응하기가 바쁘게 되는 것이죠.

그럼에도 불구하고 팀장을 중심으로 한 팀 차원의 조직문화와 일하는 방식을 개선하지 않으면 변화는 일어나지 않습니다. 팀의 조직문화 수준은 팀장에게 달려 있으니까요. 그런데 팀장 혼자서 이런 고민들을 떠안는다고 해결될까요? 그리고 탑다운(Top-down)으로 지침만 내려준다고 팀의 일하는 방식이 금세 바뀔까요? 결국은 구성원들과 함께 만들어 나가야 합니다. 같이 만들어야 서로 구속력도 생기고, 구성원들도 자신이 관여했다는 생각에 더더욱 실천 의지가 높아질 것입니다. 거창한 것부터 시작할 것이 아니라 우리 모두가 실천할 수 있는 팀의 행동원칙부터 만들면 어떨까요?

예전에 만났던 어느 기업의 팀장도 팀의 행동원칙을 만들고 싶은데 쉽지 않다는 말을 한 기억이 납니다. 물론 지금까지 쉬웠던 경우는 없었던 것 같습니다. 그렇다면 쉽지 않은 환경이 구체적으로 무엇인지를 아는 것이 중요하겠죠? 그래서 팀장들의 조직관리 애로사항을 들어봤습니다. 실천을 저해하는 요소를 확인하기 위해서 말입니다.

일단은 업무환경에 대한 어려움을 들었습니다. 달성해야 할 높은 목표가 있지만 개인주의가 만연되어 있다 보니 공감대 형성이 어렵다는 이야기를 했습니다.

두 번째로 소통의 문제였습니다. 세대 간 차이, 서로 간 존중 결여, 그리고 업무의 공유와 협력부족 등 소통의 문제 역시 새로운 변화에 대한 저해 요인으로 보고 있습니다.

세 번째로 구성원 간 역량 차이를 들었습니다. 상이한 역량을 가진 구성원들의 성과 차이, 인성과 태도문제, 저성과자 관리 등 어려움을 많이 이야기 했습니다. 그런데 이런 저해 요인들의 공통점은 무엇일까요? 바로 변화된 근로 환경으로 인해 이런 문제점들을 해결할 시간이 없다는 것입니다.

구성원의 모든 의견을 다 수용하기도 어렵고, 일일이 다니면서 설득하기도 어렵고, 시간을 들여 업무를 코칭해 주기도 어렵다는 것이죠. 그러다 보니 팀 관리가 갈수록 힘들어진다는 것입니다. 결국 따지고 보면 이 역시도 팀장 혼자서 짊어지는 고민일 것이며, 이로 인해 실행은 엄두도 못 내는 상황인 것입니다.

시간 부족은 예전에도 있었던 이슈였습니다. 한 번에 해결되기는 어렵다고 해도 시간을 할애해서 전체 구성원과 함께 행동원칙을 만드는 워크숍을 해보기를 권유합니다. 구성원들이 서로의 생각을 공유하고 스스로 참여해 만들면 생각보다 훨씬 큰 변화가 생길 것입니다.

그렇다면 행동원칙은 어떤 방법으로 만들 수 있을까요? 세 가지 원칙을 가지고 실행하면 됩니다. 공감-참여-합의의 원칙을 기억하시면 됩니다. 팀장 주도의 진행이 부담스럽다면 사내외의 퍼실리테이터(Facilitator)를 활용하는 것도 방법입니다.

첫 번째 원칙인 공감은 '왜 이것이 필요한지'를 명확히 하는 프로세스입니다. 특히 팀원들에게 돌아오는 이점이 무엇인지를 느끼게 하는 것이 중요합니다. 그리고 워크숍의 결과물이 무엇인지를 공유하고 함께 참여하는 것이 중요함을 인지시켜야 합니다.

두 번째 참여는 팀원들의 애로사항을 듣는 것입니다. 이 단계에서는 팀장의 어려움을 일방적으로 이야기해서는 구성원의 진정성 있는 이야기를 끌어낼 수 없다는 것입니다. 애로사항을 공유한 후에는 이슈들과 함께 이를 해결하기 위한 과제를 끌어

내는 것이 중요합니다. 이 때 팀의 분위기와 상황에 따라 팀장은 잠깐 자리를 비워도 됩니다. 허심탄회한 소통을 이끌어 내는 데 있어 팀장이 일시적으로 빠지는 것이 효과적일 수도 있죠. 단, 신뢰할 수 있는 선임급 팀원과의 사전 커뮤니케이션을 통해 그를 중심으로 회의가 주도되어야 합니다.

마지막은 합의입니다. 합의는 지금까지 나온 여러 이슈와 과제들을 수렴하는 단계입니다. 또 이 과정에서는 모든 것들을 다 가져갈 수 없으니 우선순위를 정하여 몇 가지 원칙들을 선정하는 프로세스도 반드시 있어야 합니다. 이 때, 모든 구성원들이 낸 의견과 함께 팀장의 의견도 포함시켜야 합니다. 다만, 합의 과정에서 팀장의 의견이 배제될 수 있다는 점은 명확히 인식하고 있어야 합니다. 그리고 이런 점들을 눈치 보지 않도록, 워크숍을 시작할 당시 그라운드 룰을 정해 놓으면 될 것입니다.

이렇게 해서 선정되는 행동원칙은 앞에서 배운 워크 다이어트, 워크 골, 워크 룰 등의 내용들을 포괄하면 더욱 실천 지향적이 될 것입니다. 유의할 점은 5~7개 정도가 좋고 최대 10개를 넘지 않는 게 좋습니다. 너무 많이 만들면 지키지 못하게 되는 상황이 연출되겠죠?

중요한 것은 지속적인 실천입니다. 주간 또는 월간으로 실제적으로 잘 지켜지고 있는지, 또는 지켜지지 않은 행동원칙이 있다면 원인은 무엇인지, 무엇을 바꿔야 하는지 등 지속적인 실천과 개선이 필요합니다. 분명 팀 차원의 조직문화와 업무성과가 개선되는 결과가 있을 것입니다.

마지막으로 팀 행동원칙 수립 활동의 성과에 대해 살펴보겠습니다. 많은 성과들이 있지만 팀 행동원칙을 만들고 실행한 팀장들이 제시한 내용들을 바탕으로 정리해 보았습니다.

① 팀 운영에 대한 기준 수립의 기회를 만든 것

② 팀원들의 고민과 불만사항을 경청하게 된 것

③ 팀장과 팀원 사이 인식의 갭을 줄인 것

④ 현재의 팀 분위기를 파악할 수 있게 된 것

⑤ 팀원들의 소통 욕구가 강하고 의견 수렴의 필요성을 느낀 것

⑥ 결과와는 별개로 시도 자체에 의미가 있음

두 번째. 답변을 부탁해!
"팀 행동원칙은 어떤 도움을 주나요?"

만약에 팀 활동에 적극적인 직원에게 아무런 보상이나 인정을 주지 않는다면 어떤 일이 생길까요? 팀원들은 모든 면에서 똑같지 않습니다. 일을 잘하는 팀원이 있으면 못 하는 팀원도 있고 소통이 좋은 팀원이 있으면 그렇지 못한 팀원도 있습니다. 역량 차이도 존재하고요. 팀의 기여도를 보았을 때도 팀을 위해 노력하는 팀원이 있고 그렇지 않은 팀원 역시 존재합니다. 그런데 이러한 다양한 차이가 존재하는 팀원들을 쉽게 구별해 낼 수 없는 팀 분위기이거나, 설령 구별을 한다 하더라도 보상이나 인정 측면에서 아무런 차등을 두지 않는다면 결국 부정적인 분위기가 만들어 집니다. 이렇게 되면 팀 관리는 더욱 어려워지겠죠.

앞에서 우리는 팀 행동원칙을 만드는 방법들을 살펴보았습니다. 행동원칙이 만들어지면 지켜야 할 기준이 생기는 것도 알게 되었습니다. 행동원칙이라는 기준을 가지고 팀원들을 바라보면, 잘 지키는 직원과 그렇지 않은 직원을 판단하기가 명확해 집니다.

명확한 기준이 없으면 개인의 호불호에 따라 판단이 다르기 때문에 팀 분위기가 긍정적인 방향으로 가기 어렵습니다.

팀 행동원칙이 만들어 지면 지켜야 할 기준이 생깁니다. 기준이 생기면 구성원들이 기준대로 행동해야 하는 것이 원칙입니다. 그런데 실상은 그렇지 않죠. 시간을 두고 관찰해 보면 잘 지키는 팀원과 그렇지 않은 팀원들이 존재합니다.

팀장을 대상으로 한 워크숍을 진행하면서 팀 행동원칙을 잘 지키는 팀원과 그렇지 않은 직원의 특징을 토론한 적이 있었습니다. 팀장들의 의견은 대략 이렇습니다.

〈잘 지키는 팀원의 특징〉

팀장과 소통 원활, 업무역량 우수, 도전적이고 적극적, 성실하고 겸손, 적극적이고 솔선수범, 배려심 있음, 현명함, 스마트함, 무엇보다도 고성과자임

〈 잘 지키지 않는 팀원 〉

팀장과 거리감 있음, 업무역량 떨어짐, 말만 앞섬, 변명 많음, 자만함, 반항적 성격, 불성실, 개인주의, 불평 많음, 즉흥적임, 역량 부족, 핑계가 많음, 저성과자

이와 같이 극단적으로 차이가 있음을 알 수 있습니다. 팀 행동원칙을 잘 지키는 팀원의 경우, 긍정적인 태도 및 높은 업무 성과와도 상관관계가 높다는 것이죠. 만약 팀 행동원칙이라는

기준이 없었다면 좋은 팀원과 그렇지 않은 팀원과의 구분이 쉽지 않을 수 있습니다.

그렇다면 팀 행동원칙이 실행되도록 하려면 어떻게 해야 할까요? 어렵게 시간을 마련하여 도출한 행동원칙이 문서상의 좋은 말들로만 그치지 않으려면 팀의 모든 구성원들은 실천을 해야 합니다. 이 역시 팀장이 의지를 가지고 다음의 방법들을 실행해 보면 어떨까요.

첫째, 눈에 보이도록 벽이나 PC 모니터에 붙이고 자주 보이게 한다. 행동원칙이 자주, 쉽게 볼 수 있는 거리에 있으면 항상 인식하면서 실천에 대한 의지를 불러일으킬 수 있습니다.

둘째, 팀 회의 시 팀장이 수시로 실천을 강조한다. 주간 미팅 또는 수시로 하는 미팅에서도 팀 행동원칙이 중요함을 지속적으로 주지시키는 것이 필요합니다. 팀장이 자주 강조를 하다보면 팀원들은 중요성에 대해 인식과 공감을 하기 때문입니다.

셋째, 매월 1회 점검과 피드백을 한다. 월말 업무에 대한 결산을 하면서 잘 된 것과 잘 안 되는 것들에 대한 명확한 피드백을 하고, 실천을 독려하는 것이 좋습니다. 그리고 행동원칙을 잘 지킨 팀원들에게 작은 포상을 하는 것도 실천 분위기를 만드는데 도움이 됩니다.

넷째, 반기 단위로 내용을 업그레이드한다. 처음 만든 행동원칙이 시간이 지남에 따라 팀 상황과 맞지 않을 수도 있습니다. 또는 구성원 모두가 잘 지키는 상식화된 행동원칙이 된다면, 그 부분을 조금 더 의미 있는 원칙들로 대체할 수도 있을 것입니다. 다만, 너무 자주 바뀌는 행동원칙은 일관성이라는 측면에서 고민을 해야 합니다.

세 번째, 답변을 부탁해!
"팀 행동원칙을 정착시키려면 무엇이 필요할까요?"

만약 팀의 행동원칙을 만들었는데, 오히려 이전보다 못한 분위기가 만들어지거나 업무효율 또한 낮아지고 있다면 무엇이 문제일까요? 여러 조직을 보니 이런 사례가 실제로 종종 발생합니다. 일하는 방식을 개선 한다고 시도했는데 오히려 개악이 된 상황인데, 도대체 왜 그런 것일까요?

사례를 한 번 살펴보겠습니다.

어느 팀에서 일하는 방식 개선을 위한 행동원칙 중 하나로 서면보고를 최소화하고 문서의 간략화라는 원칙을 도출했습니다. 취지는 좋았죠. 그런데 그 결과 임원에게 올라가는 결재 보고서가 부실해진 것입니다.

위의 사례는 1페이지 보고서라는 원칙을 만들었는데, 정작 구성원은 1페이지 보고서를 만들면서 내용보다 디자인에 더 신경을 쓰는 경우도 있다고 합니다. 다른 팀은 듣기만 하는 것이 아니라 회의에서 의견을 적극적으로 제시하자는 행동원칙을 도출했습니다. 그런데 문제는 의견을 서로 제시하는데, 반대 의견이나 건설적인 비판을 못하고 좋은 이야기만 하더라는 것입니다.

왜 이런 현상들이 발생할까요? 나름의 이유는 존재하겠죠?

행동원칙을 만들다보면 좋은 이야기들이 많이 나옵니다. 문제는 그것들이 제대로 기능하지 않을 때인데, 혹시 본질적인 접근보다는 겉으로 드러나는 모습들에만 신경을 쓴 것은 아닌지 고민해 봐야 합니다. 예를 들면 팀장의 마인드는 바뀌지 않았는데 행동원칙만 바뀐다면 팀원들은 바뀐 대로 해도 되는지에 대한 의문이 생길 것입니다. 또는 우리 팀만 혁신적으로 행동원칙을 바꾸어 실행하다보면 타 부서 또는 전사와의 일하는 방식이 맞지 않는 경우도 있을 것입니다.

회사 전체의 최적화 관점에서 고민하지 않고 팀이라는 부분 최적화만을 꾀하다 보면 이런 충돌이 일어날 수 있겠죠. 사실 처음부터 이러한 어려움들은 생각하지 못했을 수도 있습니다. 처음부터 완벽할 수는 없죠. 일하는 방식의 개선은 지속적이고 끊임없는 노력입니다. 일회성의 이벤트가 아니라 살아 숨 쉬는 유기체처럼 지속적으로 진화해야만 효과가 나타납니다.

효과를 보게 되면 새로운 문제가 또 생기는데 그것을 또 해결해 나가야 궁극적으로 성공하게 되는 것이죠. 많은 조직이 업무개선과 혁신 활동을 본질적인 고민 없이 이벤트처럼 하다 보니 오히려 개악이 되는 것입니다. 이런 상황이라도 개선의 의지가 있다면 차차 나아질 것입니다.

팀 행동원칙은 지속적인 개선이 생명이라고 할 수 있습니다. 마지막으로 팀의 행동원칙을 수립하고 실행하는데 있어 다음의 몇 가지 사항들을 고려한다면 효과적인 정착에 도움이 될 것입니다.

〈 팀 행동원칙 수립 활동의 과제 〉

① 앞으로 지속적인 소통을 통해 상호신뢰를 구축해야 함

② 팀 행동원칙을 어떻게 지속적으로 실천할 것인가를 고민

③ 앞으로 팀원들과 만들어 가야 할 목표를 정하고 팀 분위기 조성

④ 팀 행동원칙의 실질적인 성과를 만들기 위한 팀 구성원 모두의 노력 필요

⑤ 야근, 긴급업무 대응 등 팀을 위한 희생 또는 권리 포기에 대한 부정적 인식 해결

〈 팀 행동원칙 지속 실천을 위한 팀장의 역할 〉

① 팀 행동원칙 실천에 대한 솔선수범

② 팀 행동원칙 실천을 위한 분위기 조성

③ 팀 행동원칙 정착에 대한 신뢰와 인내

④ 팀 행동원칙 실천에 대한 중간 점검과 지속 관리

⑤ 팀 행동원칙 효과성, 효율성 관리와 유연한 대응

업무에 있어 낭비나 중복발생, 비효율의 만연,

원활 하지 않는 소통 등 팀 환경이 힘들수록 팀원들은

매우 답답한 상황이 됩니다. 불평, 불만을 하지만

이것을 팀 차원에서 개선하기 위한 노력은 정작 부족합니다.

나만 잘하면 되지, 결과만 좋으면 되지 라고 생각하고

팀의 일하는 방식이나 조직문화를 남의 일이라고

생각하는 경향이 팀 일하는 방식 개선 노력을

하지 않게 만듭니다.

리더를 위한 TIP

'직장인 사춘기 증후군' 극복하기

'직장인 사춘기 증후군'은 직장 생활에 대한 회의감으로 뚜렷한 이유 없이 삶에 불만을 갖는 증세'를 비유적으로 표현한 신조어입니다. 기성세대 리더들도 '직장인 사춘기 증후군'으로 자신은 물론 타인에게도 악영향을 줄 수 있기 때문에 조심할 필요가 있습니다. 어느 날 갑자기 찾아와 누구는 짧게, 누구는 길게 영향을 미칠 수 있으니 이런 개념에 대해 생각해 보는 것도 예방 측면에서 나쁘지 않습니다. '직장인 사춘기 증후군'은 사춘기 청소년으로 치면 '중2병'으로 이해할 수 있습니다.

직장인이 자신의 삶에서 추구하는 바를 크게 나눈다면 '인간다운 삶을 사는 것'과 '조직의 목표/성과를 달성하는 것'이라고 말할 수 있습니다. 인간다운 삶은 사회적, 경제적, 육체적, 문화적 욕구를 충족하는 것입니다. 사람 관계에서 인정을 받으면서 육체적으로도 건강한 것, 즐거운 삶 등을 사는 것입니다. 조직의 목표/성과를 달성하는 것은 단기적, 중기적, 장기적 관점에서 세운 목표를 달성하는 것, 성과를 내는 것입니다. 본 개념을 '2 by 2 매트릭스'로 응용해 보았습니다.

① 인간다운 삶은 사는데 조직에서 목표/성과를 달성하지 못하는 사람입니다.
개인적으로 더할 나위 없는 만족감은 있지만 일을 못 하는 사람입니다. 어떤 상사와 동료를 만나느냐에 따라 '직장인 사춘기 증후군'을 겪을 수도 있습니다. 괴롭힘을 당하거나 눈치를 받으면 직장생활에 회의감을 느끼게 될 것입니다.

② 인간다운 삶을 살지 못하면서 조직에서 목표/성과를 달성하는 사람입니다.
건강도 나쁘고 가정도 원만하지 않고 일 외에 딱히 좋아하는 취미도 없는 사람입니다. 종종 동료들의 미움을 받습니다. 자신은 일이 좋다고 생각하지만 어쩔 수 없

이 이런 삶을 살고 있다면 착취당한다고 느낄 수 있습니다. 어느 날 자신의 삶에 대해 회의감을 느낀다면 '직장인 사춘기 증후군'을 겪는 것입니다.

③ 인간다운 삶도 살지 못하고 조직에서 목표/성과도 달성하지 못하는 사람입니다.
보람도 없고 즐겁지도 않으며 성취감도 느끼지 못해, 보는 사람도 애처롭고 본인도 힘이 듭니다. 이미 '직장인 사춘기 증후군'에 들어선 상태입니다.

④ 인간다운 삶을 살면서 조직에서 목표/성과도 달성해 내는 사람입니다.
누구나 기대하는 바람직한 상태입니다. 상사와 동료로부터 인정받고 후배들에게 귀감이 되는 사람입니다. '직장인 사춘기 증후군'과는 거리가 먼 상태입니다.

'직장인 사춘기 증후군'은 '불만'이라는 부정적 감정이 나타나는 것입니다. 청소년기에도 영원한 사춘기가 없듯이 어느 시기가 지나면 벗어날 수 있습니다. 하지만 '직장인 사춘기 증후군'은 잘 관리되어야 합니다. 사람에게는 여러 가지 부정적 감정이 있습니다. 불안, 우려, 실망, 분노, 우울, 체념과 같은 부정적 감정은 언젠가는 조정의 과정을 거칩니다. 그 다음이 중요합니다. 부정적인 감정이 조정을 거친 후 사람들은 세 가지 양상으로 나타납니다. 어떤 사람은 일과 인생을 낙관합니다. 어떤 사람은 일과 인생에 새로운 기대감을 갖고 적극적으로 임하게 됩니다. 어떤 사람은 더 이상 일과 인생에 대한 반응을 자제하고 침묵 또는 무반응을 보입니다. 그 결과 직장생활이 돈을 버는 목적 외에 무의미해지는 상태가 됩니다.

'직장인 사춘기 증후군'은 누구에게나 올 수 있습니다. 회의감이 느껴지고 이유 없이 회사와 동료에게 불만이 생길 수 있습니다. '인간다운 삶'과 '조직에서 목표/성과 달성'을 기준으로 자신의 상태를 진단해 보면 좋겠습니다. 그리고 부정적 감정을 조정한 후, 어떤 반응을 하게 되는가가 중요하다는 사실을 기억하면 좋겠습니다.

PART 3
모두가 즐거운
슬기로운 소통생활

MZ세대와 소통하기

어렵게 회사에 입사한 신입사원이 몇 개월을 버티지 못하고 퇴사 했습니다. 사실 우리 회사 정도면 요즘 같이 어려운 시절에 참 좋은 회사인데 선뜻 이해가 가지 않습니다. 신입사원 환영식도 해주고 선배들이 좋아해주고 격려도 해주면서 업무도 많이 가르쳐 주었는데 우리의 노력들이 수포로 돌아간 것 같아 아쉬움이 큽니다. 자칫 팀장인 내가 조직 관리를 제대로 못한 것으로 비춰질까 걱정도 되고 한편으로는 억울한 마음도 듭니다. 이런 상황은 비단 우리 팀만의 일은 아닙니다.

동료 팀장들도 비슷한 경험이 있는 것 같고 이런 상황에 불쾌감을 가지고 있는 팀장도 있습니다. 생각해 보면 그 신입사원은 엄청난 수의 경쟁률을 뚫고 우리 회사에 들어온 똑똑한 직원이었습니다. 신입사원 교육 담당자의 말을 들어보면 대부분 신입사원들이 적극적이고 성실하게 교육에 참여하고 사기 또한 높았다고 합니다. 처음 팀에 배치되었을 때는 밝게 잘 웃고 선배들에게도 친절하고 인사도 잘 했었습니다. 그런데 어느 시점부터 질문도 하지 않고 일에 대한 의지도 크지 않은 것으로 보였습니다. 일을 배우다 보면 실수를 할 수도 있는데 생각보다 실수도 잦고 잘못된 일에 대해 피드백을 하면 기분 나쁜 내색을 보이기도 했습니다.

조직에 적응을 못하는 것 같다는 느낌이 들었는데 팀장인 나도 그렇고 다른 팀원들도 바쁜 업무에 신경을 쓸 여유가 사실 없었습니다. 어디서부터 잘못된 것일까요? 원래 문제가 있는 직원이었던 것은 아닐까요? 아무튼 요즘 젊은 직원들은 기존의 직원들과는 뭔가 달라도 다른 것 같습니다.

"너무 과도하게 세대 간 차이를 부각시키는 것은 아닌가요?"

밀레니얼세대라는 말이 유행하더니 언제부터인가 밀레니얼Z세대(이하 MZ세대)라는 표현이 더 많이 회자되고 있습니다. 베스트셀러로 90년대 생을 다룬 책들도 인기를 끌었고, 〈82년생 김지영〉이란 책은 영화로도 나와 화제가 되었는데요. 왜 이런 구분을 하는 건지 어떤 차이가 있는지 궁금해 하는 분들이 많습니다. 세대 간 소통을 강조하는 요즘, 제대로 된 소통을 하려면 먼저 세대에 대한 이해가 필요해 보이죠?

한 글로벌 자동차 회사에서 조사를 한 적이 있습니다. 생산직을 제외하고 전체 7만여 명의 직원 중 밀레니얼 세대가 차지하는 비중이 전체 구성원의 약 3분의 2라는 결과가 나왔다고 합니다. 많은 수는 아니지만 밀레니얼세대 중 제일 높은 직급은 부장이었다고 하네요. 어느덧 회사의 중추적인 역할을 담당하는 직급까지 밀레니얼세대가 분포하게 된 것인데요. 세대를 구분하는 것은 차이에서 오는 위화감을 조성하자는 것이 아니라, 각 세대만의 특징을 이해하고 이를 기업 경영에 잘 활용하는 것에 의미가 있다고 하겠습니다. 조직의 리더인 부장과 말단 실무자인 신입사원을 하나의 세대로 묶어 놓을 때 특별한 문제가 없다면 좋겠지만 세대 간 소통 문제와 갈등, 이로 인한 기업 경쟁력의 저하 등 다양한 고민들이 생겨나고 있는 상황이니 세대 간 구별과 명확한 이해는 필요할 것입니다.

기업에는 다양한 생각과 문화를 가진 세대가 존재합니다. 세대는 주로 사회에서의 위치라든가 나이라는 기준으로 구분하기도 합니다. 일반적인 기준으로 보면 전통세대(60대 이상), 베이비붐세대(60년대 중반 이전 출생), X세대(60년 중반~70년대 출생), Y세대(밀레니얼세대, 80년대~90년대 중반 출생), Z세대(90년대 중반 ~2000년대 중반 출생) 등 5세대로 구분하기도 합니다. 기업에서 보면 전통세대와 베이비붐세대는 최고경영층에 소수가 있는 것이 일반적입니다. 나머지 세대들은 회사마다 다소 차이는 있지만 골고루 분포되어 있다고 할 수 있죠.

세대란 나이라는 객관적 지표를 기준으로 인위적으로 설정하기 때문에 사람에 따라 본인이 속한 세대의 특성과는 차이가 있을 수 있습니다. 흔히 '애늙은이', '젊은 꼰대'라는 말처럼 세대에 어울리지 않는 사람이 있을 수 있겠죠. 세대별 특성은 그 세대가 보이는 전반적인 경향성이라고 보면 될 것 같습니다. 중요한 건 왜 세대를 구분하는지, 그리고 그 차이가 무엇인지 아는 것이라 하겠습니다.

X세대부터 살펴보겠습니다. X세대라는 표현은 1991년 캐나다 작가 더글라스 코플랜드(Douglas Copeland)가 쓴 소설 『X세대(Generation-X: Tales for an Accelerated Culture)』에서 처음 사용된 표현입니다. 이 세대가 다른 세대와는 확연하게 다른 특징을 보이는데 특별하게 정의하기가 어렵다는 뜻에서 X를 붙여 새로운 세대를 표현한 것이죠. 미국에서는 베이비붐세대의 다음 세대로 1961년부터 70년대에 태어난 세대를 지칭하지만, 한국에서는 60년대 중반부터 70년대 전체를 포함하면 무리가 없을 것 같습니다. 그 중 60년대에 태어난 세대들은 586세대 또는 민주화세대라고 부르기도 하는데 이들은 50대 나이, 80년대 학번, 60년대 생을 지칭합니다. 그래서 X세대는 주로 70년대 생이라고 이해하면 간단합니다. 청년시절은 아날로그 시대를 살았고 성장을 하고 나서는 디지털 시대를 살고 있죠. 그리고 청년시절까지는 국내 중심의 시대를 살았고 성장해서는 글로벌 시대를 살고 있습니다.

다음은 Y세대입니다. Y세대라는 표현은 X세대 다음 세대를 일컫는 말로 밀레니얼세대(Millenial Generation, Millennials)라고 불리기도 하고 베이비붐세대의 자녀들이 많아 에코세대(Echo Generation)라고 불리기도 합니다. 먼저 밀레니얼세대라는 표현을 살펴보겠습니다. 밀레니얼세대라는 말은 미국의 세대 전문 작가인 닐 하우와 윌리엄 스트라우스가 1991년 펴낸 책 『세대들, 미국 미래의 역사(Generations : The History of America's Future)』에서 처음 사용하였습니다. IT 기술의 급격한 변화와 함께 성장한 세대를 말합니다. 주로 1980년대부터 1990년대 중반에 태어난 사람들을 말하죠. 밀레니얼세대라는 표현이 한국 기업에서 부상하기 시작한 시기는 2010년 이후입니다. 밀레니얼세대는 다음 세대인 Z세대의 등장으로 'Y세대'라고 표현되기도 하지만, 밀레니얼세대로 표현하는 것이 더 익숙한 것 같습니다.

마지막으로 Z세대입니다. 원래 Z세대라는 표현을 처음 사용한 사람이 누군지는 잘 알려져 있지 않습니다. 어쩌면 X세대, Y세대가 있으니 누구나 다음 세대를 Z세대라 부를 수 있기 때문에 누가 처음 사용했는지를 밝히는 것이 실익은 없어 보입니다. 일반적으로 Z세대는 1990년대 중반 이후 출생한 사람을 표현합니다. 소위 '진보적인 X세대 부모의 자녀들'로서 자유로운 가치관과 함께 개인주의가 강한 것이 특징입니다. 현대경제연구원이 2018년 펴낸 〈국내 10대 트렌드〉에서는 "Z세대는 아날로그를 경험하지 못하고 태어난 순간부터 디지털 문화와 기기를 접하고 소비했기 때문에 '디지털 원주민(digital native)'라고 불리기도 한다."라며 "Z세대의 본격적인 사회 진출로 모바일 기기가 주요 매체로 부각되며 가치 중심적 소비가 확대되는 등의 영향을 미칠 것"이라고 전망하기도 했습니다.

최근에는 밀레니얼세대와 Z세대를 아울러 통칭하는 말로 밀레니얼Z세대, 줄여서 MZ세대라고 많이 표현합니다. 『트렌드 MZ 2019』는 "'미 제너레이션(Me Generation)'으로 불리는 밀레니얼세대와 '신인류'로 분류되는 Z세대가 트렌드세터로 급부상하고 있다."라며 "이들의 마이크로 트렌드가 1년 안에 사회 전반에 영향력을 미치는 주류 트렌드가 된다."라고 밝히고 있습니다. 청소년기부터 디지털을 경험한 밀레니얼세대와 유년 시절부터 유튜브로 정보를 찾는 Z세대가 빠르게 트렌드를 유행시킨다는 것입니다.

우리가 MZ세대에 주목해야 하는 것은 주로 20~30대인 그들이 소비의 주체로 떠오른 만큼 모든 산업계에서 MZ세대에 대한 분석 없이는 비즈니스의 성공을 담보할 수 없기 때문입니다. 또한 조직에서는 MZ세대의 구성원이 전체 직원의 과반수를 훨씬 넘어선 만큼 그들이 조직의 성과를 창출하고 이끄는 중요한 역할을 담당하게 되었기 때문입니다.

리더의 입장에서는 회사의 미래 주역인 그들과 원활하게 소통하고 제대로 성장시키는 것이 중요한 과제라 하겠습니다.

"MZ세대는 다른 세대와 어떤 차이가 있을까요?"

신입사원의 1년 내 조기 퇴사율이 계속 높아지고 있습니다. 2017년 경총이 조사한 바에 의하면 신입사원 1년 내 퇴사율이 30%에 달하는 것으로 나타났습니다. 취업 포탈 '사람인'이 2019년 조사한 자료에 의하면 조사대상 기업의 65% 정도가 신입사원의 조기퇴사가 있다고 응답했습니다. 전체 기업의 80% 정도는 요즘 세대가 이전 세대보다 조기 퇴사율이 높다고 했습니다.

회사에 따라서는 조기 퇴사율보다 신입사원들이 적응을 하지 못하는 상황과 문제를 더 심각하게 받아들이고 있습니다. 요즘 세대들은 취업하기가 힘들다고 하면서, 좋은 회사에 입사하고도 이런 선택을 하는 이유는 무엇일까요?

조기퇴사 이유의 절반인 49%는 조직과 업무적응 실패였다고 합니다. 신입사원의 조기퇴사는 대기업과 중소기업이 다르고 업종과 직무에 따라 차이가 있으므로 모든 기업을 일반화하기는 어렵습니다. 하지만 대부분 조직에서 조직 및 업무 부적응으로 인한 그들의 조기퇴사가 현실적인 문제인 것만은 사실입니다. 자칫 팀장으로서 조직 관리에 문제가 있는 것은 아닌지 고민이 되기도 합니다. 그렇다면 요즘 세대들이 조직에서 느끼는 어려움은 무엇일까요?

제가 조직문화 강의를 진행하면서 팀장을 대상으로 MZ세대 직원들에 대한 느낌과 생각에 대해 스몰토크를 해본 적이 있습니다. 특별한 제한이나 조건을 두지 않고 많은 이야기들을 끄집어 내보았습니다. "개인주의", 거침없는 의사표현", "배려심 부족", "이익에 민감(손해를 안 보려고 함)", "회사에 오래 다닐 생각이 없어 보임"과 같은 부정적인 의견이 대부분이었습니다. 여러 기업에서 진행해 봐도 비슷한 결과가 나오더군요. 이런 이야기를 젊은 직원들에게 전하고 그들의 입장을 토론해 보도록 해보았습니다. 이들은 기성세대가 자신들을 보는 부정적 느낌에 대해 인정하기 어렵다는 의견이 대부분이었습니다. 기성세대의 이런 평가에 대해 젊은 직원들의 대다수가 불쾌하다는 반응이었습니다.

기성세대인 팀장들을 대상으로 이번에는 토론 질문을 바꾸어서 진행해 보았습니다. MZ세대들의 특징에 대해 '좋게 생각하는 것'과 '좋게 생각하지 않는 것'으로 구분하여 토론을 진행했습니다.

"자기 생각이 확실함", "자존감이 높음", "다양성을 인정함",

"개인생활의 존중", "방향성이 제시되면 빠른 수용과 적극적 자세를 보임", "좋은 역량을 지닌 인재가 많음", "당당함", "호불호가 명확함", "독립성이 높아 손이 안감", "IT 능력이 뛰어남" 등으로 '좋게 생각하는 것'에 대한 답을 했습니다.

반면에 "공동체 의식 부족", "개인 우선", "매너나 태도가 나쁨", "타인에게 무관심", "고마워하지 않고 당연하게 생각", "근성 부족", "경솔한 의사표현" 등을 '좋게 생각하지 않는 것'이라고 답했습니다. 여러 논의들은 있었지만 부정적 측면이 긍정적 측면에 비해 많지 않았다는 점은 특기할 만 했죠.

많은 리더들이 조직 내부의 핵심이슈로 세대 차이를 꼽고 있습니다. 지금까지 기업현장에서의 세대 차이는 주로 X세대와 밀레니얼세대의 차이가 논의의 대상이었지만, 이제는 Z세대가 포괄된 MZ세대와 기성세대 직원들의 차이가 크다고 말합니다. 이런 차이는 왜 생기는 걸까요? 예를 들어보겠습니다. 상식적으로 생각해보면 부모와 자식은 중요하게 생각하는 가치와 행동양식이라 할 수 있는 문화가 근본적으로 다릅니다. 이를 기업으로 대입해 볼까요? MZ세대는 기업에서 최고경영자, 임원, 팀장을 맡고 있는 베이비붐세대 및 X세대의 자식뻘이 됩니다. 따라서 기성세대인 베이비붐세대부터 X세대와 MZ세대 간에는 개인이 가진 가치와 문화의 측면에서 공통점 보다는 차이점이 많은 것이죠. 일하는 환경도 많이 다릅니다. 근로시간 단축은 회사와 일에 대한 생각과 방식을 많이 바꾸어 놓았습니다.

기성세대의 인생에서는 회사와 일의 비중이 절대적이었죠. 가정은 잠시 휴식을 취하는 공간의 성격이기도 했고요. 그러나 MZ세대에게 회사와 일은 필요에 의해 한정된 시간동안 일하는 공간으로 인식하는 경향이 있습니다. 반면 그들에게 가정은 매우 중요한 생활공간입니다. 또 일하는 방식에서도 차이가 있습니다. 기성세대의 직장생활은 강한 생산성을 요구받는 지금 시대보다는 아무래도 강도가 덜 한 상황을 거쳐 왔다고 할 수 있습니다. 업무환경도 지금보다 여유가 있었고요. 그러나 지금의 젊은 직원들에게 직장은 경영환경의 급격한 변화에 따라 강한 생산성을 요구하고 있고 근무시간의 감소로 인해 이전보다 여유가 없는 것이 현실입니다. 그나마 다행인 것은 밀레니얼세대(Y세대)라는 양 세대의 특징을 경험하고 이해하는 완충지대가 있다는 것입니다. 이들의 긍정적 역할이 필요한 상황이죠. 따라서 밀레니얼세대(Y세대)를 통해 Z세대를 잘 관리하는 것이 조직 관리에 있어 중요한 성공요인 중의 하나가 될 것입니다.

요즘 기업 내부에서는 기업의 가치관과 조직문화의 중요성을 강조하고 다양한 활동을 하는 경우가 많아졌습니다. 이는 지극히 바람직합니다. 세대 간 일에 대한 가치관이 다르고 일하는 환경이 급격히 변했기 때문에 일하는 방식을 바꾸는 노력을 해야 합니다. 근로시간 단축과 세대차이라는 업무환경의 변화는 리더인 베이비붐세대나 X세대, MZ세대만의 문제가 아닙니다. 모두가 공통의 가치관으로 정해 생각을 통일하고 일하는 방식을 함께 바꾸어야 합니다. MZ세대와의 공존, 그들에 대한 이해와 소통이 필요한 이유는 궁극적으로는 기업의 성과창출을 위해서입니다. 어떻게 해야 조직 구성원의 대다수인 MZ세대들을 업무에 몰입하게 하여 성과창출을 이끌 수 있을 것인가가 중요한 화두가 된 시점입니다.

"라떼(latte)는 호스(horse)다." 이 말을 모르는 사람은 이제 거의 없죠? 기성세대가 자주 쓰는 "나 때는 말이야"를 우스꽝스럽게 표현한 말입니다. 하지만 이제 이런 말들을 쓰기 부담스럽습니다. 젊은 직원들의 눈치도 보이고요. 생각보다 많은 기성세대들이 MZ세대를 대할 때 부담을 느낀다고 합니다. 팀장들은 경험, 지식, 스킬, 태도 등 조직에서 역량이 뛰어난 사람들입니다. 그리고 조직의 성과를 책임지는 사람이기도 하죠. 이런 위치에 있는 팀장들이 부담을 느끼고 할 말도 못하면 그 조직은 문제가 크다고 할 수 있습니다.

MZ세대들과 적극적으로 소통하면서 그들을 이끌지 못하면 누가 가장 피해를 볼까요? 조직 차원에서는 성과저하의 문제가 있을 것이고 팀장을 포함한 리더들 역시 성과에 대한 압박에서 자유로울 수 없을 것입니다. 그러나 가장 큰 피해는 젊은 직원들이 입게 됩니다. 왜냐하면 리더인 기성세대들에 비해 그들은 한참 성장해야 하는 시기인데 그 기회를 잃기 때문입니다.

이런 상황들을 맞이하지 않고 서로에게 긍정적인 상황을 만들어 가려면 리더들은 어떻게 해야 할까요?

세 가지 원칙을 제시하고자 합니다.

첫째, MZ세대들이 성장하도록 도와주는 것이 기본 출발점입니다. MZ세대에 대한 이해와 소통을 위해 그들의 말을 잘 들어주고 부드럽게 대하는 것만이 전부가 아닙니다. 젊은 직원들이 아직 회사에 기여하고 있는 상황은 아닐 수 있습니다. 하지만 이들은 본인이 회사를 다니고 있다는 사실 그 자체를 기여라고 생각할 수도 있습니다. 그렇기 때문에 회사가 자기 생각에 조금이라도 부당하거나 불공정하다면 강하게 불만을 표출할 것입니다.

조직에 기여하지 못한다는 현실을 인식하고, 조직에 기여하지 위해 배우고 역량을 쌓아야 하는 시기입니다. 이럴 때 개인주의, 자유로움, 자기주장만 내세우면 직장인으로서 생존하기 쉽지 않습니다. 그래서 팀장들은 MZ세대들을 마냥 '잘 대해주는 것'이 아니라 '잘 되도록 도와주는 것'이 중요하다는 사실을 잊지 말아야 합니다. 이는 젊은 직원들을 대하는 기본 출발점입니다. 이러한 믿음이 그들에게 전달되어야 그들도 리더들을 긍정적으로 바라보게 되고 원활한 소통도 가능해지는 것이죠.

둘째, MZ세대들이 일하기 좋은 환경을 만들어야 합니다. 어느 경영자가 다음과 같이 물어본 적이 있었습니다. "기성세대와 젊은 직원들의 생각이 너무나 다릅니다. 어느 한쪽 편을 들 수 없어 기다리다가 시간과 기회를 놓치는 것 같습니다. 어떻게 해야 합니까?"라고요. 저는 이렇게 답변했습니다. "5년 정도만 회사를 유지하고 싶으시다면 젊은 직원들을 신경 쓰지 않아도 됩니다. 퇴직한다고 하면 잡을 필요도 없습니다. 앞으로 5년 동안은 이들이 회사에 기여할 게 별로 없기 때문이죠. 하지만 5년 그 이상 기업을 경영하고 싶다면 젊은 직원들에 맞춰야 합니다. 이들이 어떻게 성장하는지가 미래의 우리 회사의 모습입니다" 앞으로 조직의 경쟁력은 MZ세대들이 올바르게 일에 몰입하고 자기의 능력을 발휘하여 성과를 창출하는 것에 달려 있습니다. 당장의 성과창출이 기성세대의 몫이라면, MZ세대는 미래를 위한 투자라 할 수 있습니다. 이들이 조직의 중추적인 역할을 담당할 수 있도록 좋은 조직문화를 만들고 이들의 성과를 지원할 효율적이고 효과적인 시스템과 제도를 만들어 나가기 위한 실제적인 노력이 필요합니다.

　마지막으로, MZ세대들이 성과창출에 기여할 것이라는 믿음과 기대감이 필요합니다. 오디션 프로그램이 대세로 자리잡은 적이 있습니다. 최고의 자리에 올라가기 위해 최선을 다하고 협력하는 모습은 실로 감동적이기도 하죠. 가만 보면 TV 오디션 프로의 주인공은 대부분 MZ세대들입니다. 그런데 왜 우리 회사의 MZ세대들은 그런 모습을 보이지 않을까요? 기성세대가 짜 놓은 환경에서 MZ세대들은 단지 '부족한 아이들'이지는 않을까요? 기업의 리더들이 MZ세대의 부정적인 모습만 생각하는 것 같지만 사실은 그렇지 않습니다. "젊은 직원들은 스스로 옳다고 생각하고 하고자 하는 의지만 심어주면 엄청난 역량을 발휘한다.", "아무리 힘든 일이 있을 지라도 밤을 새면서 최선의 노력을 다하고 좋은 결과를 만들어 낸다."라고 이야기 합니다. 특히 이들의 능력이 제대로 발휘되는 경우 "기성세대들이 이룰 수 있는 결과물보다 10배 이상 폭발적인 결과물을 만들 수 있다."라는 것입니다.

MZ세대들은 아이들이 아닙니다. 아이들로 대하니까 아이들처럼 행동하는 것입니다. 어른으로 대하면 어른다운 행동을 할 것입니다. 기업은 어른과 어른이 만나 성과창출이라는 공동의 목적과 목표를 향해 일하는 곳입니다. 어른으로 대하는 출발점, 그들에게 존칭과 경어를 사용하는 것부터 시작하면 어떨까요?

소확행과 워라밸 바로보기

'소확행'이란 말은 '소소하지만 즐길 수 있는 확실한 행복'의 앞 글자를 딴 신조어입니다. 소확행은 고도 성장기를 지난 저성장기 사회 속에서 사람들이 추구하는 문화를 가장 잘 표현한 트렌드라고 할 수 있습니다. 소확행은 유행에 빠른 청년세대들이 주도해 왔지만, 이제는 전 세대에 걸쳐 영향력을 미치는 대표 트렌드가 되었습니다.

근로시간 단축 시행으로 직원들의 퇴근 후 시간이 정말 길어졌습니다. 이제 직장을 다닌다는 이유로 삶의 전부가 일인 시대는 끝났다고 해도 과언이 아닙니다. 과거에는 아침 일찍 출근해서 저녁 8~10시에 업무가 끝나는 경우, 할 수 있는 일은 거의 없었습니다. 이제 오후 5시든, 6시든 아무리 늦어도 7시든 회사를 벗어나면 온전히 개인의 삶을 살게 됩니다. 그동안 하고 싶었지만 직장에 매여 하지 못한 일이 얼마나 많을까요? 20-30대 미혼의 직장인들은 소확행을 추구하면서 취미생활도 하고 친구도 만나고 자기계발을 하고 있습니다. 30-40대 기혼 직장인들은 가족과 보내는 시간을 통해 소소한 행복감을 느끼기도 합니다. 그런데 40-50대 기성세대들은 다릅니다. 오랜 기간 일에만 매몰되어 지냈던 사람들은 저녁 있는 삶을 어떻게 보내야 할지 고민이 많습니다. 선물 같은 저녁시간을 어떻게 활용할 지 스스로 찾고 있습니다. 이러한 자율의 힘은 저녁이 있는 삶에 엄청난 위력을 발휘할 것입니다. 스스로 목표를 정하고 시간을 설계하고 알아서 지켜나가야 합니다. 물론 명심할 부분이 있습니다. 직원들의 저녁시간은 회사가 관여할 문제가 아니라는 것이죠. 워라밸과 소확행은 철저히 개인 삶의 영역입니다.

기업이나 리더가 꼭 기억해야 할 부분이 있습니다. 정규 업무시간이 짧아졌다고 하여 업무 외 시간에 직원들에게 업무역량을 높이기 위한 자기계발을 하라고 강압적으로 요구해서는 안 됩니다. 구성원이 원한다면 리더가 조언을 할 수 있지만 그것을 강제하거나 강요해서는 안 됩니다. 기업의 역할은 철저히 정규업무시간과 연장근로시간에 생산성을 높여 최대한의 성과를 창출하도록 관리하는 것까지입니다. 기업은 경영관리시스템을 통해 직원의 업무성과를 관리하고 평가하고 보상하는 체계를 갖추고 있습니다. 업무시간 내에서 관리능력을 극대화 시키는 것이 기업과 리더가 할 일입니다. 업무시간 외에 업무역량을 기르기 위한 지식과 기술을 쌓는 자기개발 활동은 전적으로 직원이 판단할 문제입니다.

근로시간 단축으로 직원들은 일과 삶의 조화, 소확행을 추구하는 삶을 살고 있습니다. 일을 위해 개인의 삶과 가족을 위한 삶을 희생할 필요가 없어졌습니다. 그렇다보니 업무시간 종료 1시간 전에는 업무에 몰입하기 어려워졌습니다. 직원들이 실제 업무에 몰입하는 시간이 주 40시간이 아니라 주 35시간 이하가 될 수도 있습니다. 업무에 몰입하지 않으면 생산성이 떨어지게 됩니다. 어떻게 하면 정규업무시간에 직원들이 최대한 업무에 몰입하게 만들 것인가? 근로시간 단축 시대에 기업과 리더가 해결해야 할 가장 중요한 숙제입니다.

팀원들과 소통하기

조직의 대다수 리더들은 능력 있는 리더라는 말을 듣고 싶어
합니다. 이에 대한 이견은 많지 않을 것입니다. 최근의 직장 내
분위기를 보았을 때 능력 있는 리더라는 말과 함께 소통을 잘
하는 리더라는 말 역시 좋아한다고 합니다. 이를 위해 팀장들
은 팀원들과 대화하는 시간을 늘리려 노력하고 적극적으로 경
청하고자 노력합니다. 그런데 팀원들의 반응은 다소 다른 듯합
니다. 팀원들은 팀장을 이렇게 평가합니다. "우리 팀장님은 아
주 똑똑한 분입니다. 하지만 우리는 그 분 옆에 가면 숨이 막
힙니다. 우리의 아이디어는 사장되기 일쑤고, 팀 회의의 30%
는 팀장님 혼자 말 하는 시간이었습니다. 우리가 말 할 시간은
많지 않았으며, 그나마 우리가 말한 것에 대한 피드백은 대부

분 우리의 아이디어가 얼마나 나쁜가 하는 것이었습니다. 우리는 팀장님이 모든 일에 대한 답을 이미 가지고 있다는 것을 알고 있습니다. 그 분은 혼자서 혹은 단 한 명의 측근과 함께 모든 결정을 합니다. 팀장님은 내 능력의 50% 밖에 끌어내지 못했습니다. 나는 다시 기회가 있다 해도 앞으로 그 분과 결코 함께 일하지 않을 것입니다!" 멀티플라이어의 저자 리드 와이즈먼은 '자기 자신의 지성에 몰두하고 다른 사람들을 억누르며 조직의 중요한 지성과 열정을 고갈시키는 사람을 '디미니셔(Diminisher)', 혹은 마이너스의 손이라고 표현했습니다.

많은 리더들이 '나는 절대 그렇지 않다'라고 생각하겠지만, 현실에는 이러한 상황이 종종 일어나는 것 같습니다. 팀 구성원과의 인식의 갭이 상당히 큰 것입니다. 이러한 갭을 줄이는 것은 진정한 소통이라 할 것이며 이를 통해 능력 있는 리더가 되기 위한 출발점이 아닐까요?

어느 팀장의 사례입니다. "일을 하다 보면 팀원의 실수나 잘못이 있을 수 있습니다. 그래서 잘 되라고 나름 잘못된 지점에 대해 피드백을 주었는데, 야단을 맞았다고 생각하는 것인지 이에 대해 분개를 하는 것입니다. 도대체 이런 상황은 어떻게 해야 하나요?" "저희들 어렸을 때는 부모님이나 선생님에게 욕먹는 건 물론이고 맞기도 많이 맞았는데 야단을 쳤다고 그렇게까지 반응을 하다니…."라면서 본인의 고민을 이야기 한 적이 있었습니다. 어떻게 생각하시나요? 중요한 건 팀장은 팀원들의 부모가 아니라는 것입니다. 조직에서의 상사인 것이죠. 부모는 먹여 주고 입혀 주고, 결국 자녀에 대해 책임을 지잖아요. 더군다나 요즘 부모들은 자녀를 함부로 대하지도 않습니다. 인격체로 대하는 것이죠. 위에서 제시한 사례의 그 팀장이 피드백을 했던 당시의 구체적 모습은 잘 모르겠지만, 팀원 입장에서는 자존심에 상처를 입었을지도 모르겠네요. 아무튼 팀장의 입장에서는 잘 되라는 의도로 피드백을 준 것인데 팀원에게 그 진의를 전달하려면 어떻게 행동해야 할까요?

"대체 누구에게 일을 배운 거야", "이게 과장 수준이야? 대리도 그렇게는 하겠다."

김 팀장은 이 과장을 평소 좋게 생각하고 있습니다. 그런데 이번 프로젝트에서는 일을 제대로 처리하지 못했습니다. 평소 잘하는 직원이니 이번 기회에 따끔하게 질책하면 개선해서 잘할 수 있을 것이라고 생각했습니다. 그런데 이 일이 있은 후 이 과장의 표정이 너무 안 좋습니다. 들리는 말에 의하면 팀장에게 반감이 생겼다는 이야기도 들립니다. 팀원이 좀 더 잘했으면 하는 좋은 의도를 가지고 한 말과 행동이었지만 상대방은 불쾌감과 모멸감을 느끼게 된 것이죠. 평소 회사에 대한 로열티가 높고 구성원들에 대한 책임감도 강한 왜 이런 행동을 보였을까요?

이런 행동을 하는 이유를 표현하는 심리학적 용어가 있습니다. '도덕적 우월감'을 가진 사람이 더 부도덕해지기 쉽다는 말인데요. 이를 '도덕적 면허 효과(moral licensing effect)'라고 부릅니다. 한마디로 본인이 도덕적으로 자격이 있다는 이야기죠. 즉, 좋은 의도가 있으면 행동은 좀 나빠도 상대방이 이해할 것이라는 의미입니다. 이것은 자신의 좋은 의도가 좋은 행동을 만들고 좋은 결과를 가져온다는 누적된 학습효과이기도 합니다. 특히 회사에 대한 로열티가 강한 팀장일수록 이런 현상이

나타납니다. 회사와 일 중심의 리더들은 자기가 희생적이라고 생각합니다. 그게 바로 도덕적 우월감입니다. 도덕적 면허를 가지고 있다고 생각하니 혼낼 자격, 야단칠 자격이 충분히 있다고 생각합니다. "내가 회사에 돈을 얼마를 벌어다 주는데… 내 덕분에 너희들이 월급 받고 먹고 사는 거야" 이런 식이죠. 과거에는 모르겠지만 확실히 시대착오적인 생각이죠.

　가족의 예를 들어 볼까요. 기성세대들은 아버지로부터 맞았다는 이야기들을 곧잘 합니다. 야단을 많이 맞기도 했고요. 아버지는 돈을 벌어오고 가정을 책임지는 위치에 있었습니다. 욕을 하고 때리면서도 "너 잘되라고 하는 거다"라고 말했어요. 지금 돌이켜 생각해 보면, 아버지의 행동이 순순히 받아들여졌나요? 대들지는 못했지만 반감은 생겼지요. 그 옛날 아버지에 대해서도 그랬는데 요즘 시대는 더더욱 이런 행동은 옳지 않겠죠.

　일 잘하는 리더, 성과 많이 내는 리더, 최선을 다하는 리더일수록 이 부분을 경계해야 합니다. 요즘 팀장은 봉사직이라고 표현할 만큼 힘들고 헌신적이어야 하는 자리입니다. 자칫 도덕적으로 우월감을 가질 수 있는 위험한 상황이 만들어 질 수 있습니다.

　다음의 사항들에 대해서는 특히 주의를 기울이면 좋겠습니다.

첫째, 기업과 업무 환경에서는 권선징악의 구도를 버려야 합니다.

둘째, 좋은 의도만 강조해서는 안 되고 타인과의 갈등에 대해서도 주의를 기울여야 합니다.

셋째, 좋은 의도를 가졌으면 좋은 행동을 해야 합니다. 소통은 의도가 아니라 의도에 맞는 말과 행동입니다. 의도대로 제대로 표현해야 합니다.

도덕적 우월감을 지속적으로 갖게 되면 정서적 문맹으로 이어지게 됩니다. 문맹이란 글을 읽지 못하는 것입니다. 이를 응용하면 정서적 문맹이란 타인의 정서를 읽지 못하는 것입니다. 스스로 도덕적이라고 생각하는 리더일수록 윤리적인 문제를 일으킬 수 있는 확률이 높을 수 있음을 기억해야겠습니다.

두 번째, 답변을 부탁해!
"질문하지 않는 팀원, 회식을 싫어하는 팀원!
어떻게 해야 하죠?"

많은 팀장들이 지적하는 젊은 구성원들의 문제는 일에 대한 호기심이 없고 질문을 잘 안 한다는 것입니다. 이를 문제로 인식하는 이유는 '일이 중요하고 일에 몰입한다면 당연히 궁금한 것이 인지상정이 아니냐'라는 것입니다. 또 요즘은 회식하기 어렵다는 말들도 많이 합니다. 회식이 공식 업무는 아니지만 팀원 간에 팀워크도 다지고 편안한 분위기에서 자유롭게 소통할 수 있는 자리입니다. 팀장들은 팀원들이 팀과 팀원 간의 관계를 중시하지 않으니까 회식을 피한다고 생각합니다. 결국 일에 몰입하지 않고 팀을 중시하지 않는다는 것인데요. 과연 이러한 생각은 맞는 걸까요? 질문하지 않는 직원, 회식을 싫어하는 직원들에 대해서는 어떻게 생각해야 할까요? 혹시, 퇴사를 앞두고 그런 모습을 보이는 것일까요?

업무 현장에서 팀장들은 늘 시간이 없고 고민이 많습니다. 혼자 북치고, 장구치고…. 팀원 중에는 물어봐야만 대답하는 사람이 있습니다. 먼저 물어보면 좋겠지만 묻지를 않으니 항상 불러야 합니다. 일의 진행 현황도 궁금한데 전혀 먼저 다가오지 않는 거죠. 팀장을 만나러 오면 얼굴에 긴장한 기색이 역력합니다. '네가 불편해 하면 나도 불편하다.'라는 속마음을 숨기지만 기분도 좋지 않습니다. 아직 친하지 않아서 그런 것 같아 소주 한잔 하자고 말했는데 약속이 있다고 하며 거절합니다. '팀장인 내가 인간적으로 싫은 거였구나. 그러면 같이 일 못 하겠네…' 이런 판단에 이르기도 하죠.

같이 일하던 리더 중에 무서운 분이 계셨어요. 모르는 것이 있으면 가서 질문해야 하는데 그렇게 하기가 쉽지 않습니다. 내가 알아서 해결하는 게 낫지, 가서 괜히 혼날 일은 없잖아요. 그 상사가 싫어서 그런 게 아니라 그런 상황을 만들기 싫은 거였죠. 실무자 시절, 개인적으로 저녁에 일이 있는데 갑자기 회식 잡는 상사 좋아했나요? 회식에 참석해야 했기에 개인 약속을 취소하지 않았나요? 요즘은 그런 시대가 아니죠.

어느 회사에서 설문조사를 한 일이 있습니다. 젊은 구성원들에게 물었습니다. '회사에서 상사들의 모습은 어떠한가?' 라는 질문이었죠. 구성원들의 속마음을 읽을 수 있었는데요. "항상 화가 나 있는 것 같아 무서워요. 회의를 마치고 오면 혼자서 화를 내고 인상 쓰고 팀원들 불러 압박을 주세요." 요즘 젊은 직원들의 학창시절에는 체벌이 거의 없어진 상황이었습니다. 육체적 폭력은 물론 정서적, 언어적 폭력도 허용이 안 됩니다. 소위 '학폭위'라는 것도 있잖아요. 젊은 구성원들이 답한 팀장의 모습은 익숙한 상황이 아니라는 이야기입니다. 무엇보다 팀장이 어떤 상황인지를 모릅니다. 경영진이나 임원들과의 회의에서 질책 받고 추궁 받고 나왔는데 팀원들은 어떤 상황인지 정보도 없고 상황도 모릅니다. 화가 난 표정과 행동만 보는 거죠. 팀장들이 각별히 주의해야 할 부분입니다. 화가 나고 힘든 상황을 말하지 않으면 모릅니다. 만약 말할 상황이 아니면 표정 관리를 하는 것이 좋겠죠.

회식도 마찬가지입니다. 요즘 퇴근 후 개인적인 일 없는 사람은 없습니다. 운동하고 아이들과 공부하고 친구들을 만나는 등 계획이 있습니다. 만약 우리 팀원이 저녁에 아무런 계획도 없이 매일매일 보낸다면 그게 더 걱정이죠. 그런데 팀장이 "오늘 어때?" "내일 시간되지?" "이번 주 금요일 회식이야?" 이러면 팀원은 예정된 개인 일정을 침해 받게 됩니다. 게다가 팀장이 몇 번 이런 이야기를 했을 때 참석을 못 했는데, 같은 요구를 받으면 어쩔 수 없이 개인 약속을 깨고 회식에 참여하기도 합니다. 팀원 입장에서는 그 자리가 즐겁기 어렵겠죠. 회식에서 시키는 음식도 그렇습니다.

예산이 넉넉하지 않을 수도 있지만 습관적으로 삼겹살에 소주, 치킨에 맥주, 개인에 따라 별로 좋아하지 않는 막걸리에 파전을 시키면 상황은 참 애매해 지는 거죠. 이왕에 하는 회식이면 팀원들, 특히 젊은 구성원들의 취향을 좀 보면서 그들이 선택하게 하면 좋을 것입니다. 와인을 먹을 수도 있고 팀원들이 평소에 가기 어려운 고급스런 곳에서 시간을 보낼 수도 있고요. 사실 회식은 단지 밥이나 술을 먹는다는 그 이상의 의미가 있습니다. 한국 기업 역사에서 회식은 조직문화에 상당히 중요한 역할을 차지해 왔고 조직문화의 변화를 단적으로 보여주는 영역이기도 합니다.

구성원과의 소통에서 기억하면 좋을 몇 가지 행동방법을 소개합니다.

업무에 대한 피드백을 제시할 때 너무 질책하지 말라는 것입니다. 야단치고 질책하는 것이 최선의 방법인지 한 번 더 생각하고 행동하는 것이 좋겠습니다. 그리고 피드백을 줄 때에는 사실 관계에 입각해서 개선 포인트에 집중해서 행동의 변화를 이끌어 내야 합니다. 또한, 팀장의 감정이 개입되어 팀원의 자존감을 저해하는 상황이 발생하지 않도록 해야 합니다. 자존감을 유지해 주고 사실에 입각한 피드백이야말로 팀원의 긍정적인 에너지를 지속적으로 유지할 수 있기 때문입니다.

두 번째로 '예전에는', '옛날에는' 등과 같은 표현은 최대한 억제하십시오. '나 때는'으로 시작되는 말은 무조건 금기어입니다. 좋은 의도로 시작된 소통이라 하더라도 그런 표현에 대해서는 팀원들이 공감하기 어렵다는 것을 잘 알 것입니다.

세 번째로 팀원들에게 도움을 주는 경험을 많이 쌓으십시오. 일을 하다보면 팀원들이 처리하기 어려운 일이 발생합니다. 부서 간의 업무 협조일 수도 있고, 아니면 업무 노하우의 공유일 수도 있습니다. 팀장은 그 업무에 있어 최고 전문가입니다. 전문가의 관점에서 팀원들이 일을 잘 해낼 수 있도록 최선의 지원을 해주는 것이 좋습니다.

　마지막으로 공식적인 회식은 최소 2주 전에 공지하고 의미 있는 자리로 만드십시오. 일정을 정할 때는 팀장이 안 되는 일정을 먼저 알려주고 팀원들이 잡도록 하십시오. 그리고 회식 장소와 음식은 팀원들이 돌아가면서 정하게 하고 정해진 부분에 대해 흔쾌히 따르는 모습을 보인다면 팀 회식에 대한 그라운드 룰이 만들어 질 것입니다.

　회식 자리가 건설적이고 즐거운 자리가 될 수 있도록, 구성원들이 편하게 이야기 할 수 있는 자리로 만들면 좋을 것입니다. 그리고 음주 중심의 회식을 안 할 수는 없겠지만 다양한 문화회식으로 구성원들의 회식 니즈를 충족시켜 주는 것도 좋을 것입니다.

The Smart

팀원들에게 도움을 주는 경험을 많이 쌓으십시오.

일을 하다보면 팀원들이 처리하기 어려운 일이 발생합니다.

부서 간의 업무 협조일 수도 있고, 아니면 업무 노하우의

공유일 수도 있습니다. 팀장은 그 업무에 있어 최고 전문가입니다.

전문가의 관점에서 팀원들이 일을 잘 해낼 수 있도록

최선의 지원을 해주는 것이 필요합니다.

리더를 위한 TIP

공감하는 리더의 4단계 프로세스

보통 리더들은 구성원들이 자신과 생각이 같을 것이라고 인식합니다. 회사라는 같은 공간에서 같은 목표를 향해 매일 같이 일하는데 다르면 얼마나 다르겠냐고 생각합니다. 요즘 청년세대가 차이가 있긴 하지만 그래도 나는 그들의 사고와 언어를 이해한다고 생각합니다. 과연 그런지 생각해 볼까요? 나이도 다르고 세대도 다르고 살아온 과정도 다르고 가정환경도 다릅니다. 개인의 가치관이 형성된 모습들은 다 다른데 어떻게 같을 수 있을까요? 나도 워라밸이나 소확행에 대해 중요하게 생각한다고 말할 것인가요? 하지만 기성세대인 리더와 청년세대인 구성원들은 차이가 있습니다.

리더는 젊은 구성원들의 용어를 잘 모릅니다. 젊은 구성원들은 리더의 용어를 잘 모릅니다. "사랑해요. 밀키스" 알면 기성세대, 모르면 청년세대입니다. 이것뿐만 아니라 "예전에는", "해봐서 아는데", "뭘 안다고"라는 표현들도 옛날 스타일입니다. 수직, 일방, 지시, 단편은 요즘 구성원들의 업무 스타일이 아닙니다. 그래서 리더가 어렵습니다. "당신들도 나중에 리더가 돼봐", "너 같은 놈 만나서 일해 봐라." 이런 말들은 부모가 자식에게 하는 말에 더 가깝습니다. 리더는 현실을 이해하고 좋은 방식으로 조직을 잘 이끌어야 합니다. 이에 쉽게 실천할 수 있는 4단계 프로세스를 제시합니다.

❶ 공감의 태도를 갖춰라.

구성원들의 열정이 부족하다고 느끼나요? passion은 열정, 열렬이라는 뜻 외에도 '예수님의 수난, 고통, 아픔'이라는 뜻이 있습니다. 환자 patient는 passion에서 온 단어입니다. 공감 compassion은 함께(com) + 아픔(passion)의 합성어입니다. 공감한다는 것은 아픔을 함께 한다는 의미입니다. 리더가 공감의 태도를 갖는다는 것은 구성원의 어려움과 불편을 함께 한다는 의미로 해석하면 좋겠습니다. "힘들다"며 어려워하는 직원에게 "넌 맨날 징징대냐"라거나 "됐고, 이렇게 하면 되는 거야"와 같은 반응은 공감제로라 하겠습니다.

② 업무현장의 불편함을 들어라.

사람들은 들어주기만 해도 위로를 받습니다. 해결은 그 다음입니다. 문제는 구성원들이 리더에게 말하지 않는데 있습니다. 이야기를 끌어내지 못하면 어떤 것도 해결할 수 없습니다. 기술적인 문제로 접근하지 않았으면 합니다. 리더의 마음가짐을 근본적으로 돌아보아야 합니다. 리더십 이전에 성숙한 인격자로서의 기본부터 갖춰야 합니다. 오만, 미움, 싫음, 불쾌함, 편견, 분주함, 게으름, 못마땅함 등 리더 스스로 상대방에 대한 마음가짐의 문제점을 개선하려는 노력이 필요합니다.

③ 업무현장의 불편함을 해결하라.

"해결책도 못 주는데 들으면 뭐하냐?"라고 말하는 리더가 있습니다. 맞습니다. 듣기만 하면 말하는 사람은 입만 아플 것입니다. 업무현장의 불편함을 해결해 주지 못하면 진정 리더라고 말할 수 있을까요? 여기에는 원인이 있습니다. 업무현장의 불편을 듣고 해결한 경험이 별로 없기 때문입니다. 정기적으로 듣고 해결책을 찾은 경험이 있다면 직원들의 불편함에 대해 구체적인 솔루션이 생길 것입니다. 해결책 제시에는 방법이 있습니다. 1)해결할 수 있는 것은 바로 해결하라 2) 해결하는데 시간이 걸리거나 당장 결론을 내리지 못하는 것은 기한을 정해 해결하라 3) 해결이 불가능하다고 판단되는 문제는 "어렵다"고 말하되 다른 각도에서 해결할 방법을 찾아라. 직원들의 요구사항에 대한 해결책은 이 3가지 안에 거의 다 포함이 됩니다.

④ 긍정마인드와 진정성 있는 관계를 형성하라.

불평불만과 남 탓하는 마인드로는 업무에 몰입할 수 없습니다. 진정성 없는 관계에서 열정은 나오지 않습니다. 자발적으로 몰입하는 열정의 조직문화를 만들어내야 합니다.

이 4가지는 성공하는 조직의 특징이기도 합니다.

상사와 소통하기

회사 생활을 하다보면 일이 잘못되거나 성과가 나쁠 때, 자신의 상사인 임원을 비방하거나 책임을 임원에게 떠넘기는 팀장을 심심치 않게 목격할 수 있습니다. 평소에도 습관적으로 임원에 대한 불만을 여기저기 퍼뜨리고 다닙니다. 사실의 진위여부를 떠나 그 소문에 의해 임원은 리더십이 훼손되고 회사 내에서 부정적인 이미지를 쌓게 됩니다. 사실 임원의 리더십만 훼손되는 것이 아니라 팀장을 포함한 그 부서의 평판도 나빠지게 됩니다. 결국 화살은 자신한테도 돌아올 수 있는데 이러한 점을 간과하는 경우라 하겠습니다. 이런 팀장의 유형은 임원과 직접 만나 문제를 해결하려고 하기 보다는 주변에 부정적 이야기를 함으로써 자기 불만을 해소하고 다니는 경우가 많습니다.

임원을 보좌하는 팀장 본연의 역할을 수행하기 보다는 마치 본인이 임원인 양 생각하고 행동하는 사람들도 더러 있습니다. 이들은 상당한 수준의 역량과 경험을 근거로 임원이 주목 받는 만큼 자신도 주목 받기를 원합니다. 이들은 '내가 임원보다 못한 것이 무엇인가, 나도 잘 할 수 있는데…'와 같은 생각을 하곤 합니다. 이들은 임원이 내리는 의사 결정에 대해 감정적으로 반발하거나 비판하는 경우가 있습니다. 또 건설적인 비판보다는 무조건적인 비판과 반대를 하는 것이 문제입니다. 임원과 팀장은 각자 해야 할 역할이 있는데, 팀장이 임원을 능가하는 영향력을 원한다면 그 조직은 원활히 굴러갈 수 없습니다. 그나마 성격 좋은 임원을 만나면 조직의 안정화를 위해 설득의 과정을 거치겠지만 그렇지 않은 임원을 만난다면 결국 쓰디쓴 결과를 맞을 수 있습니다.

팀장 입장에서는 팀원들보다는 상사인 임원이 아무래도 더 어렵습니다. 임원과 팀원 사이인 중간 위치이다 보니, 양쪽의 입장을 조율하고 커뮤니케이션을 해야 하는 일이 많고 이에 대한 스트레스도 상당합니다. 때론 임원이 무심코 던진 말과 행동이 팀장의 리더십을 약화시키기도 합니다. 팀원들을 따로 불러 소통하고 그 결과도 알려주지 않는 임원의 행동에 대해 원망스럽기도 하고 때론 팀장으로서 본인의 위치가 불안하기만 합니다. 이러한 상황을 슬기롭게 대처할 수 있는 방법은 무엇일까요?

제가 진행했던 기업의 팀장 워크숍에서 임원-팀장 간 관계의 어려움에 대해 토론한 적이 있었습니다. 주로 팀장들은 다음과 같은 어려움을 토로했습니다.

첫째, 임원과 팀원들의 세대차이가 크다. 그렇다보니 업무를 대하는 입장이나 시각, 업무에 대한 이해도 차이를 좁히기 어렵다는 것이죠. 시대도 달라졌고 조직도 이에 따라 변화 했음에도 예전의 시각을 고수하는 임원 때문에 어려움이 있다고 합니다. 임원의 지시사항을 팀원들에게 전달해야 하는데 생각의 온도차가 크다 보니, 결국 중간에서 임원과 구성원의 의견을 조율하는 것이 무척이나 힘들다고 합니다. 때로는 포기하는 경우도 있고요.

둘째, 시간은 부족한데 임원이 요구하는 보고서를 만드느라 시간 손실이 크다. 근로시간 단축으로 인해 일하는 시간은 줄어들었는데, 업무시간에 임원이 요구하는 회의 관련 자료나 보고 자료 등을 만드는 시간의 비중은 높아졌다는 것입니다.

중요한 자료를 작성하는 경우는 이해할 수 있습니다. 하지만 임원이 수시로 부르고, 한번 부르면 1시간 넘게 말하는 것을 듣다보니 힘이 들더라는 것입니다.

셋째, 권한이 위임되어야 할 작은 사안까지도 일일이 챙겨서 곤혹스럽다.

요즘은 임원들도 많이 바쁩니다. 변화된 경영환경과 함께 성과에 대한 압박이 크다 보니 사업이나 업무의 큰 방향을 제시하는 것을 포함해서 실무적인 부분까지 꼼꼼히 챙기는 유형이 많습니다. 그렇다보니 팀장의 입장에서는 임원이 마이크로 매니징(Micro Managing)을 하면서 권한이임을 안 한다는 불만도 생겨나는 것 같습니다.

임원과 구성원의 입장 차이가 크다 보니 중간에서 위아래로 조율을 해야 하고 성과를 견인해야 하는 팀장 입장에서는 무력감에 빠지기 쉽습니다. 무력감을 느끼면서 역할을 하지 않으면 당연히 조직에서는 무능하다고 해석하겠죠. 미국의 심리학자 마틴 셀리그먼(Martin Seligman)은 반복적인 외부의 부정적 자극에 순응하여 스스로 상황을 헤쳐 나갈 의지를 상실한 현상을 학습된 무기력(Learned helplessness)이라고 표현했습니다. 자칫 임원과 팀원 모두에게 무능하다고 공격을 당할 수 있는 상황입니다. 이 상황은 시간이 갈수록 늪에 빠지는 것과 같아지니 어떻게든 타개해야 겠죠?

먼저 팀장은 임원이 어떤 어려움이 있는지를 명확히 알아야 합니다. 이를 위해서는 팀장이 먼저 다가가서 임원의 입장을 이해하고 함께 해결책을 고민해 보는 것도 팔로워십 차원에서 필요합니다. 최근 몇 년 동안 임원들을 대상으로 간담회를 진행했습니다. 여기서 나온 임원의 애로사항은 크게 5가지로 분류할 수 있었습니다.

첫째, 구성원들과 생각의 방향성이 다르기 때문에 생각차를 줄이기 위한 피드백이 필요하다. 구성원에게 조금 더 다가가는 방법과 함께 임원으로서 나의 개선점은 무엇인지 고민이 많다. 상사인 경영진의 생각과 팀장, 팀원의 생각이 다를 때 어떻게 조율해야 할지 쉽지 않은 것 같다.

둘째, 최근 사회 분위기 탓도 있지만 각 구성원이 자기 담당 업무에만 신경 쓰고 공통의 협력업무나 그 영향력에 대해서는 신경을 덜 쓰는 것 같다. 이는 목표 달성에 대한 의지와 책임감이 부족한 것으로 느껴진다.

셋째, 팀장과 팀원이 의견이 다른 경우 임원으로서 어떤 입장을 취할지 고민이다. 팀장은 그래도 말이 잘 통한다고 생각하지만, 팀원들까지 소통을 해야 하는 경우에는 어떻게 해야할지 고민이다.

넷째, 권한과 책임 이양을 해주어야 하는데 어느 선까지 해야 할지 애매하다. 또 권한이임을 해주었으면 임원으로서 이에 대해 일관성을 지켜야 하는데 쉽지 않다.

다섯째, 직원들의 페이퍼 워크를 줄여줘야 할 것 같다. 워라밸을 위한 시간 관리에 초점을 맞추다 보니 업무 품질이 많이 떨어지는 것 같다. 그럼에도 불구하고 근로시간 단축으로 절대적인 시간이 부족하기 때문에 일의 양과 수를 줄여야 한다고 생각한다.

임원들의 고민을 엿볼 수 있는 사례였는데, 어떤 생각이 드나요? 거의 모든 항목들에서 팀장이 느끼는 고민을 임원도 하고 있다는 것을 확인할 수 있습니다. 아울러 팀장이 조직 관리에 애로사항이 많다는 사실에 공감하고 있습니다. 이를 해결하기 위해 임원이 지켜야 할 몇 가지 대안을 제시하겠습니다.

- 팀장에 대한 권한 위임이 필요하다.
- 팀장–팀원 간 물리적 유대시간이 확보되어야 하고 임원이 보장해 주어야 한다.
- 임원–팀원 간 직접적인 소통도 필요하지만 팀장이 모르는 상태에서 건너뛰면 안 된다.
- 팀장–팀원 간 세대차이가 크면 중간층을 충원해 주고 저성과자 팀원은 임원이 직접 코칭하여 팀장의 부담을 덜어 주어야 한다.
- 임원이 주재하는 팀장회의에 팀원을 참여시켜 팀장의 애로사항을 공감하게 한다.

이러한 결과들을 통해 느낄 수 있는 것은 임원들의 고민이 팀장들의 그것과 크게 다르지 않다는 점입니다. 그럼에도 현실에서는 동상동몽이 아닌 동상이몽의 상황을 보여줍니다. 팀장은 팀장 본인의 성과와 함께 임원의 성과를 책임져야 하는 위치입니다. 리더십을 발휘하는 입장에서 아래 구성원들과의 소통만 신경 써서는 목표를 달성할 수가 없습니다. 상하좌우에 영향력을 행사하는 위치인 것입니다. 위로 영향력을 행사하는 것을 우리는 팔로워십이라고 합니다. 훌륭한 팀장은 팔로워십에도 능한 팀장이라는 것은 상식이 되어버렸죠. 임원에게 먼저 다가가서 허심탄회하게 고민들을 함께 나누는 것이 필요합니다. 물론 시간과 상황, 장소를 고려하는 센스가 있어야 합니다.

임원과 팀장은 상사와 부하의 관계를 넘어 긴밀한 파트너십이 필요함을 인식하기 바랍니다.

두 번째. 답변을 부탁해!

"실적이 높은 팀장보다 실적이 적은 팀장이 먼저 승진하는 이유는?"

팀장은 팀원하고 가까워야 할까요? 임원하고 가까워야 할까요? 이런 질문이 사실은 우문이죠. 팀장은 팀원에게 후배육성 리더십을 발휘해야 하고 임원에게 팔로워십을 발휘해야 합니다. 요즘 팀장들은 조직 관리에 어려움이 많습니다. 실적도 신경 써야 하고 조직문화도 챙기고 변화관리와 함께 직원역량 강화에도 노력해야 합니다. 팀장은 팀에 부여 받은 실적만 잘 챙기면 되지 않느냐고 하는데 절대 그렇지 않습니다. 입장을 바꾸어 팀원이 팀장에게 "저는 제 목표만 달성하면 되지 않나요?"라고 말한다면 팀장 입장에서 무척이나 섭섭할 것입니다. 섭섭한 정도가 아니라 화가 나서 응징을 가할지도 모르죠. 왜냐하면 팀원의 그러한 태도는 사실 올바르지 않고 용납하기도 어렵습니다. 그렇다면 팀장은 상사인 임원에게 어떻게 팔로워십을 발휘해야 할까요?

두 명의 팀장이 있습니다. A팀장은 실적이 좋은 편입니다. B 팀장은 A팀장에 비해 실적이 다소 저조합니다. 한마디로 능력의 차이가 있는 것입니다. 그런데 이상하게도 동기인 두 팀장 중에 능력이 부족한 B팀장이 먼저 승진을 합니다. 왜 그런 상황이 발생했을까요? A팀장은 담당 임원이 부르면 표정이 그다지 좋지 않습니다. 임원이 조언을 하거나 아이디어를 내면 이미 생각했던 것이라고 말합니다. B팀장은 급한 일이 없으면 임원에게 맞추고 임원이 부르지 않아도 찾아가서 상의하고 도움을 요청합니다. A팀 팀원들은 임원의 지원을 받지 못하는 A팀장에게 내심 불만이 많습니다. 이에 반해 B팀 팀원들은 B팀장의 리더십을 지원합니다. 또 임원 입장에서는 결국 인사고과를 하면서 A팀장이 실적은 좋지만 조직관리 전반에서 B팀장보다 부족하다고 판단하는 것입니다.

임원은 팀장에게 중요한 영향력을 미칩니다. 팀장도 업무수행을 하면서 임원에서 영향력을 미치기는 하지만 임원이 팀장에게 미치는 영향력 보다는 크지 않는 것이 현실이죠. 구성원들에게 어느 정도 인정은 받는데 상사에게는 인정받지 못하는 팀장은 본인도 힘들고 팀원들도 힘들게 만들 수 있습니다. 구성원들의 인정도 일정 시기가 지나면 퇴색되게 되겠죠. 팀장으로서 임원의 인정을 못 받는다는 것은 치명적입니다. 팀원들이 팀장에게 팔로워십을 발휘해야 하는 것처럼 팀장도 상사인 임원에게 지속적인 팔로워십을 발휘해야 합니다.

그렇다면 어떤 팔로워십을 발휘할 수 있을까요?

첫째, "임원이 기대하는 바를 정확히 알고 일하라"입니다.

본인이 중요하다고 생각하는 일들이 임원에게도 중요한 일이 되어야 합니다. 팀은 임원이 맡고 있는 조직의 일부분입니다. 서로 연결고리가 있다 보니 상사인 임원이 성공하지 못하면 팀도 성공할 수 없습니다. 즉, 임원이 맡고 있는 부서의 전체 최적화를 위해서 일을 해야지, 팀이라는 부분의 최적화만 꾀해서는 성공할 수 없다는 것이죠. 임원의 업무 우선순위를 알고 난 후, 팀장인 자신의 우선순위를 정하고 정기적으로 임원의 우선순위와 맞추어 보아야 합니다. 그렇게 하면 임원으로부터 우리 팀에 대한 업무 지원을 더욱 원활히 이끌어 낼 수 있게 될 것입니다. 이를 위해서는 임원에게 업무에 대하여 끊임없이 질문하고 소통해야 합니다. 그래야 임원의 업무 우선순위를 알게 될 것이고, 이를 기반으로 팀 업무의 우선순위를 정하는 데도 도움이 될 것입니다. 또한, 임원의 긍정적인 피드백과 개선을 위한 피드백을 통해 팀장의 역량 향상도 지속적으로 꾀할 수 있을 것입니다.

둘째, "임원과의 파트너십을 유지하라" 입니다.

임원과의 관계가 성숙되기 위해서는 수직적인 관계를 벗어나 파트너십으로 발전시켜야 합니다. 물론 어렵게 느껴질 수 있습니다. 하지만 임원들도 예전과는 달리 고압적인 자세보다는 열린 자세를 위한 노력을 많이 하는 것 같습니다. 임원에게 감사를 표하면서 상사인 임원에게 긍정적인 영향을 주면, 임원은 더욱 가까운 당신의 지원자가 될 것입니다. 임원의 발전을 위해서 임원의 거울이 되거나 코치가 될 수 있다면 진정한 동반자의 관계로 승화 될 것입니다.

임원과 함께 일하는 것은 마치 릴레이 경주를 하는 것과 같습니다. 릴레이는 20미터 마다 바통터치 구간(Baton Zone)이 있는데, 이 구간에서 다음 주자에게 바통이 전달됩니다. 임원과 팀장이 일을 주고받는 바통터치 구간이 있습니다. 임원이 팀장의 구역에 와서 일을 받을 수도 있고 팀장이 임원의 구역에 가서 일을 전해 줄 수도 있습니다. 이 20미터가 상사와 팀장이 함께 일하는 구역입니다. 팀장이 임원의 구역에서 일을 전달해 주는 경우가 많아진다면 팀장은 임원의 성공을 돕는 사람으로 인정받을 수 있을 것입니다.

로버트 켈리(Robert E. Kelly) 카네기 멜론대학교수는 "훌륭한 리더들은 과거 2인자로도 뛰어났다"라고 말합니다. 좋은 시사점을 주는 말이라 하겠습니다. 더 큰 리더로 성장하기 위해서는 팀장도 뛰어난 2인자가 되는 것부터 목표로 삼아야 합니다.

아리스토텔레스의 명언을 소개합니다. "남을 따르는 법을 알지 못하는 자는 좋은 지도자가 될 수 없다" 진정한 리더는 올바른 팔로워십을 바탕으로 상사와 소통하는 사람입니다.

굶주린 야생멧돼지가 먹이를 찾아 민가에 들어가 아수라장을 만들어 놓고 나간 일을 뉴스를 통해 보게 됩니다. 멧돼지가 정성껏 기른 농작물을 파헤쳐 먹고 도망가고 사람과 마주치면 달려들어 부상을 입히기도 합니다. 멧돼지는 유해동물로 사냥이 허용됩니다. TV에서 20년 동안 1천여 마리의 멧돼지를 잡은 사냥꾼 이야기를 다룬 적이 있었습니다. 사냥꾼은 150여 마리의 사냥개를 기르고 있었는데 한 마리 한 마리 정성을 다해 보살피는 모습이 인상적이었습니다. 말 못하는 짐승이지만 가족처럼 대하고 부상을 당한 사냥개를 보며 눈물을 뚝뚝 흘리기도 합니다. 부상이 심하거나 늙어 사냥을 못하는 사냥개는 가족처럼 편안히 여생을 마감하게 하더군요.

멧돼지를 사냥할 때는 사냥개들이 필요합니다. 사냥개는 예민한 후각을 이용해서 멧돼지를 발견하면 맹렬하게 짖어대고 다른 사냥개들이 몰려와서 멧돼지와 싸워 지치게 만듭니다. 지쳐 움직이지 못하면 사냥꾼이 엽총으로 쏴서 사냥을 끝내죠. 기업에서 멋진 협업을 통해 목표를 달성하는 모습이 이런 모습이 아닐까 싶습니다.

보통 신고가 들어오면 사냥꾼은 6~7마리의 사냥개를 데리고 갑니다. 그런데 종종 데리고 온 사냥개를 사냥에 투입하지 않는 경우가 있습니다. 멧돼지 사냥을 위해 훈련되었지만, 그 날 따라 싸울 의지가 없어 보이는 사냥개는 사냥에 참여시키지 않습니다. 싸울 의사가 없는 사냥개를 투입하면 멧돼지를 만나고도 그냥 돌아와 버리기 때문입니다. 무게가 150kg이 넘는 힘세고 날카로운 이빨을 가진 멧돼지와 30kg 정도 되는 사냥개가 일대일로 맞붙어서는 이길 수 없습니다. 항상 5~6마리가 한꺼번에 달려드는데 귀를 무는 놈, 다리를 무는 놈, 목덜미를 무는 놈 등 훈련된 각자의 역할이 있습니다. 그런데 그 중에 한 놈이 자기 역할을 하지 않고 싸움을 외면하면 다른 사냥개들이 멧돼지에게 희생당하는 일이 생깁니다. 멧돼지 사냥의 실패는 곧 사냥개들이 죽거나 큰 부상을 입는 최악의 상황이 됩니다. 그래서 사냥꾼은 여러 마리의 사냥개를 차에 싣고 가지만, 실전에서는 싸울 의지가 있는지를 반드시 파악해 사냥에 투입합니다.

대부분 직원들은 매일 아침 출근해서 각자 자기 일을 열심히 합니다. 그러나 열심히 일하는 직원들도 어떤 날은 일이 손에 잡히지 않는 날들이 있습니다. 사람은 기계가 아니기 때문에 논리적으로는 자기 역할을 다해야 한다고 생각하지만 무슨 이유인지 감정적으로 일하기 어려운 때도 있습니다. 리더가 그러한 상황을 파악하지 못하고 무조건 일을 내몰면 어떤 일이 벌어질까요? 마음의 준비가 안 된 직원이 중요한 일에 투입되어 애써 만든 사업기회를 날려 버릴 수도 있습니다. 서비스를 담당하는 직원이 큰 실수를 하여 고객 컴플레인이나 클레임을 받을 수도 있습니다. 또한 그 직원 때문에 열심히 일하는 다른 동료가 피해를 입을 수도 있습니다. 리더는 직원들이 일에 몰입하는 데에 필요한 감정 관리 역시 중요하게 생각해야 합니다. 사람을 닦고 조이고 기름 치면 돌아가는 기계처럼 생각해서는 안됩니다. 리더라면 직원들이 자발적으로 업무에 몰입하고 열정을 발휘하는지 세심히 관찰할 필요가 있습니다. 직원들 중에 갑자기 침묵하는 사람이 있다면 왜 그런 것인지 억지로 말을 시킬 것이 아니라, 세심히 관찰해 이유를 파악할 수 있어야 합니다.

협업은 단지 같이 일을 하는 것이 아닙니다. 준비된 개인이 힘을 합쳐 공동의 목표와 과제에 열중하는 것입니다.

동료와 소통하기

최근 많은 회사들이 부서간 소통과 협업을 강조하지만, 많은 리더들은 조직 내부의 소통도 쉽지 않다 보니 유관부서와의 협업을 어려워합니다. 오죽하면 어느 대기업의 임원이 이런 말을 했을까 라는 생각이 듭니다.

"저희 회사는 부서의 장벽이 높아요. 차라리 다른 회사라고 생각하는 게 편합니다."

소통의 단절에서 시작해 협업이 가로막히면 회사 전체에 막대한 손해가 발생합니다. 스타트업으로 시작한 경우, 소수의 인원으로 개인들이 여러 업무를 맡아서 하다보니 서로간의 업무 소통은 자연스럽게 이루어집니다. 소통의 이슈로 인한 어려움은 그다지 없습니다.

그러나 기업의 규모가 커지게 되면 자연스럽게 조직 내 역할별로 분화된 기능이 생겨나게 되고 그 기능에 따라 새로운 조직들이 만들어 집니다. 그리고 유사한 업무를 반복적으로 처리하게 되면서 업무 노하우와 함께 전문성이 만들어 지게 됩니다.

이러한 기능별 조직은 전문성을 키울 수 있다는 장점이 있지만 문제는 그 다음부터 입니다. 조직이 커지면서 여러 정보들이 원활하게 돌아가지 않게 되고, 각 부서의 사정들로 인해 협업이 쉽게 이루어지지 않게 되는 것입니다.

팀장들은 팀워크가 중요하다고 강조하지만 요즘 같은 복잡다단한 경영환경에서는 팀 내의 단합만 가지고는 원활한 업무수행과 성과를 내기 쉽지 않습니다.

유관 부서와의 소통이 필요하다는 것은 인식하나 익숙하지 않고, 업무에 깊게 관여하지 않다 보니 이러한 소통을 실무자에게 맡기는 경우가 허다합니다. 문제는 이러한 경우가 계속 잦아지다 보면 팀원들은 유관부서로부터 업무협조를 주고받는데 피로감을 느끼고 팀장에 대한 존경심마저 사라질 수 있다는 점입니다.

팀장은 실무에서 지엽적인 부분에 대한 지시나 피드백에 에너지를 많이 쏟아서는 안 됩니다. 회사 전체의 상황을 읽을 수 있어야 하고 우리 부서에 어떤 정보와 지원 사항이 필요한지를 명확하게 인지해 이를 활용하고 조율할 수 있어야 합니다.

디지털 트랜스포메이션으로 인한 기술의 발달이 협업과 소통을 원활하게 해주지만 그것은 도구일 뿐 실제 협업과 소통을 실행하는 주체는 팀장임을 명심해야 합니다.

"우리 팀만 모르는 회사의 정보들, 어떻게 알 수 있을까요?"

많은 직장인들이 아침에 출근해서 습관처럼 컴퓨터를 켜고 수많은 업무 및 관련 메일을 확인하게 됩니다. 그리고 이어지는 수많은 회의들 속에서 많은 시간을 보내게 됩니다. 특히 팀장은 구성원들의 업무 보고 뿐만 아니라 타 부서와의 업무협조를 위한 회의 등이 덧붙여지면서 눈코 뜰 새 없이 바쁜 나날을 보내게 됩니다. 그렇게나 많은 시간들을 좌충우돌 하며 보냈건만 가끔은 본인만 모르는 회사의 정보와 소식 등으로 소외된 느낌들을 가질 때가 있습니다. 단순한 정보면 모르겠지만 그로 인해 우리 팀이 추진하고 있는 업무에 제동이 걸리는 경우도 있죠. 도대체 무엇이 문제인 걸까요?

사실 위의 사례에서 느끼는 감정은 어떤 특정한 팀장만 가지는 것은 아닐 것입니다. 회사가 발전하면 발전할수록 필요한 기능들은 점점 많아지고, 그러한 기능들이 팀이라는 다단위로 점점 분화되게 됩니다. 규모가 큰 부서는 점점 하위 부서가 많아지는 것이죠.

각 하위부서의 업무는 점점 전문성을 띠면서 역량을 키워가는데, 이상하게도 회사의 전체 역량은 높아지지 않는 것 같습니다. 때에 따라서는 같은 업무를 중복해서 하는 비효율도 발생하게 됩니다. 분명 회의도 많이 하고 업무 관련 문서와 메일이 오갔는데도 이런 중복과 비효율, 때로는 비협조적인 상황이 발생하기도 합니다. 회사 차원에서는 큰 문제가 아닐 수 없습니다.

부서 간 협업, 커뮤니케이션과 관련한 '사일로 효과(Silo Effec)'라는 말이 있습니다. 부서들 간에 서로 담을 쌓고 자기 부서만의 이익을 추구하는 것을 일컫는 경제용어인데요. '사일로'란 곡물이나 시멘트, 가스, 석유, 가축의 사료 등을 저장해두는 원통형의 저장고를 의미합니다.

이 사일로가 일반 창고와 구분되는 특징은 무엇보다 독립적으로 존재한다는 것입니다. 예를 들어 일반적으로 창고라고 하면 여러 가지 물건을 저장하고 꺼내 쓸 수 있는데 사일로는 해당 목적에 맞는 것만 적재를 해놓고 관리합니다. 왜냐하면 이 사일로가 상당히 위험한 내용물을 관리하기 때문이죠. 그래서 사일로는 독립적으로 존재하고 저장물들은 서로 섞이지 않도록 관리되는데 이것이 서로 간의 높은 장벽과 비슷하다는 데서 조직에서 팀 간 고립되고 서로 협업하지 않은 현상들을 빗대어 사일로 효과라고 부르게 된 것입니다.

한 때 휴대용 워크맨으로 성공했던 소니가 아이팟과 같은 히트 상품을 만들지 못했는지에 대한 답도 여기에 있습니다. 소니는 각각의 사업부가 독립적으로 개발하고 연구할 수 있도록 권한과 책임을 주었습니다. PC, 워크맨 등을 만드는 사업부가 별도로 존재했던 것이죠. 그들은 각각의 기술로 비슷한 뮤직 플레이어를 따로 내놓았지만 아이팟에는 못 미쳤습니다. 음원 서비스 쪽으로는 소니뮤직을 가지고 있었지만 협업이 되지 않아 온라인 뮤직 서비스로도 시너지를 내지 못했습니다. 결국 그들의 문제는 사일로 효과(Silo Effect)로 명명될 수 있습니다. 소니가 각 부서의 인재가 모여 소통하고 협업할 수 있는 기회를 주었다면 어땠을까요? 세계의 온라인 음원 서비스 시장은 지금과 다른 구조가 되었을지도 모릅니다. 사일로 현상을 타파하지 못했던 소니 등 일본 전자회사들은 이후 장기간 불황을 겪어야 했습니다.

기업체 팀장 대상의 리더십 강의 때 가장 많이 토로하는 어려움 중의 하나가 바로 유관부서와의 소통입니다. 보통 리더는 수직적 관계(팀 구성원/후배) 뿐 아니라 직속 상사와 차상위 상사 관계 역시 중요하게 생각해야 합니다. 그런데 리더가 해야 할 행동 중 요즘 시대에 정말 중요한 것은 수평적 관계(유관부서와의 소통)관리입니다. 같은 방향의 목표를 가지고 있는 상사나 후배직원과의 소통도 어려운데, 우리 조직과 이익이 상충되거나 생각의 방향이 다른 부서와 좋은 관계를 만들어나가는 것은 쉽지 않을 것 같습니다. 문제는 그러한 상황을 이해하고 의도적으로 시간과 에너지를 투자해서 생산적인 관계를 만들기 위해 노력을 해야 하는데, 사실 우리는 그러지 않고 있다는 거죠.

우리가 원하는 대로 업무 성과를 내기 위해서는 유관부서와의 소통이 꼭 필요합니다. 유관부서와의 소통은 같은 팀장의 위치에 있는 동료들과의 소통이 중요한 열쇠가 될 것입니다.

일단은 유관부서들에 대한 관리를 하는데 있어서 우리가 지금까지 사용해왔던 방법을 한 번 점검해보고 조금 더 시간을 들이거나 나의 시각이나 방법, 태도를 변화시킬 것이 있는지 생각해보면 좋겠습니다. 가장 중요한 것은 수평적 관계의 관리를 위한 '절대적인 시간'의 투자입니다.

반드시 유관부서와의 업무소통을 위해 쓰는 시간을 의도적으로, 정기적으로 계획해 두어야 합니다. 시간이 확보되어야 그 다음에 필요한 실질적인 행동연습이 가능하지 않을까요?

일단, 간단한 Tip 세 가지를 제시하고자 합니다.

첫째, 성향 및 커뮤니케이션 스타일의 이해입니다.

세상에 같은 사람은 단 한명도 없습니다. 유관부서의 리더들도 역시 마찬가지일 것입니다. 서로 간 업무를 위해 정보를 공유하고 협조를 주고받기 위해서는 상대의 성향과 그에 따른 커뮤니케이션 스타일을 파악하는 것이 중요합니다. 예를 들어 상대 팀장이 과업 중심인지, 관계 중심인지에 따라 우리가 선택할 수 있는 접근 방식도 달라질 것입니다.

둘째, 부서별 역할의 이해입니다.

전체 회사 관점에서 우리 부서와 유관 부서의 역할은 긴밀히 연결되어 있는 경우가 많습니다. 역할 수행에 따라 회사 전체의 목표를 달성할 수 있다는 사실을 본인이 명확히 인지하고 이를 유관부서와의 소통 시 잘 활용할 수 있다면 필요한 정보와 협조 사항을 얻는 것은 생각보다 어렵지 않을 것입니다.

셋째, 유관부서의 니즈 이해입니다.

세상에 공짜는 없듯이 서로 주고받을 수 있는 기브 앤 테이크(Give and Take)가 필요합니다. 협상에 있어서도 상대에게 편익을 제공하지 못하면 우리도 얻을 수 있는 것이 별로 없는 것처럼 유관부서의 니즈를 명확히 이해하고 이를 충족시켜 줄 수 있도록 도움을 주는 것이 중요합니다. 세 가지 사항은 생각보다 어렵지 않습니다. 중요한 건 유관부서와의 소통을 위한 시간확보와 충분한 실행이라 하겠습니다.

두 번째. 답변을 부탁해!

"어떻게 하면 다른 팀의 협조를 잘 얻어 낼 수 있을까요?"

회사의 거의 모든 업무가 타 부서와 연관해서 추진해야 하는 것입니다. 우리 팀 내부에서 기획하고 추진하는 업무도 있지만 전사 차원의 성과를 내야 하는 업무는 여러 부서가 긴밀하게 협업해야 이루어 낼 수 있습니다. 문제는 긴급하고 중요한 일을 처리해야 할 때 타 부서의 협조를 적시에 받아야 하는데 그렇지 못한 경우가 허다 하는 것이죠. 실무를 추진하는 팀원은 이런 상황에 팀장만을 쳐다보고 있는데, 도대체 팀장으로서 어떻게 해야 할지 고민입니다. 차라리 우리 팀이 다른 팀에 업무 협조를 해주는 상황이면 그나마 해결하기 쉬운 상황인데 말입니다.

팀장의 역할은 구성원들이 실무를 잘 할 수 있도록 가이드 해주고 피드백과 지원을 해주는 것입니다. 특히 타 부서와의 협조가 실무자들의 협의로 완벽하게 이루어지는 경우는 많지 않습니다. 팀 대 팀의 명확한 협조를 위해서는 팀장 간 명확한 의사소통이 필요합니다. 타 부서와 협의 및 조율을 얼마나 잘 하느냐가 우리 팀의 업무 성과는 물론 구성원으로 하여금 존중

받는 리더로 자리매김 될 수 있는 것입니다.

벤자민 프랭클린은 정치가, 미국의 독립선언문 기초위원, 과학자, 스토브와 피뢰침 발명, 미국의 우편제도 개선 등 실로 많은 업적을 남겼습니다.

그의 성공요인으로 소통 리더십이 많이 회자되는데 그의 소통 리더십 중 가장 중요한 것은 싸우지 않고 이기는 대화의 기술이라고 합니다. 그는 논쟁의 승리보다 타인의 호의를 얻는 것이 중요하다고 강조하고 있습니다.

프랭클린은 자신이 새로운 제안을 해서 실현될 수 있었던 것도 모두 자신의 언어습관 덕분이라고 말했습니다.

달변가이기는 커녕 말주변이 없는데도 자신의 의견이 늘 관철되었던 것은 바로 자부심을 억누르는 겸양의 언어습관에서 비롯되었다는 설명이죠. 논쟁을 좋아하는 사람치고 자신의 의견을 제대로 관철시키는 법이 없다는 것이 그의 결론입니다.

이러한 사례가 조직의 팀장에게 주는 시사점은 크다고 생각합니다. 우리 팀의 업적과 성과 창출을 위해서는 타 부서와의 소통이 중요한 것이며 이를 위해서는 소통의 기술이 필요하다는 것을 알 수 있습니다.

유관부서와의 업무 협조가 필요한 상황에서 상대 팀의 팀장이 본인 보다 직급과 나이가 많을 때는 다소 어려움을 느끼고, 반대의 상황에서는 오히려 편하게 느끼는 경우가 많다는 팀장들이 많습니다. 한국 사회의 연공서열 중심의 문화에서 오는 현상일 수 있는데요. 이제는 시대가 많이 변했습니다. 내가 직급이 부장이고 유관부서 팀장이 차장이라고 해서 쉽게 협조를 구하거나 강압적으로 요청할 수도 없는 상황인 것이죠.

즉, 예전에는 포지션 파워(Position Power)가 어느 정도 통용됐다면 지금은 포지션에 기인한 소통은 자칫 역효과를 불러일으킬 수도 있습니다. 이제는 포지션 파워가 아닌 퍼스널 파워(Personal Power)로 상대방을 움직여야 합니다. 퍼스널 파워는 팀장의 직급에서 오는 힘이 아니라 개인의 전문성을 기반으로 영향력을 행사하는 것을 말합니다. 이러한 퍼스널 파워를 활용하여 타 부서의 리더들과 의사소통을 하기 위해서는 어떤 방법이 필요할까요? 몇 가지를 제시하고자 합니다.

첫째, 업무협조에서 오는 혜택(Benefit)을 강조합니다.

이는 업무를 협조해야 할 때, 협조를 요청하는 우리 팀에만 도움이 되는 것이 아니라 도움을 제공하는 상대 팀에도 도움이 됨을 강조하는 것입니다. 그리고 회사가 제시하는 비전과 목표들을 상기시키면서 이러한 것들을 달성하기 위해서는 서로 간의 협조가 중요하다는 점을 제시하는 것이 중요합니다.

둘째, 설득을 위한 데이터와 정보들을 수집하여 제시합니다.

상대 팀의 입장에서는 본인들의 핵심성과지표(KPI, Key Performance Incator)가 설정되지 않았거나 인력 및 시간 부족으로 인해 우리의 업무 요청에 대해 미온적인 태도를 보일 수 있습니다. 특히, 업무 상황의 구체성이 떨어지는 경우는 특히 더 그럴 수 있습니다. 이럴 경우에는 매출 추이, 이익률, 이직률, 제품 불량률 등 각 부서에서 중요하게 다루는 지표들과 자료들을 제공하여 문제의식과 함께 업무 협조가 필요함을 강조하는 것이 중요합니다.

셋째, 필요시 제 3자를 활용합니다.

타 부서와의 업무 협조를 이끌어 내기 위해서는 설득의 논리가 필요합니다. 설득을 위해서는 외부 전문가, 전문기관, 대학 교수 등 다양한 3자들을 활용하여 설득을 위한 논리를 만들 필요가 있습니다.

넷째, 사내 인적 네트워크를 활용합니다.

사내 네트워크의 활용만 제대로 되어도 일을 하는데 훨씬 수월해 질 것입니다. 상대 팀 리더의 조직 내 친밀한 인적 네트워크를 분석하여 그들을 활용해 상대팀의 리더를 움직이는 것입니다. 때로는 논리적인 접근보다 인간적인 접근이 더 강력한 힘을 가져올 수 있습니다.

마지막으로 직접 경험해 볼 수 있도록 기회를 제공합니다.

새로운 시제품(Mockup)이 나왔거나 무형의 정보, 프로그램 등을 미리 상대방에게 경험하게 해 봄으로써 그 경험이 매우 유의미하다는 메시지를 줄 수 있다면 업무 협조를 이끌어 내기가 훨씬 수월할 것입니다.

　이러한 방식 이외에도 자신만의 스킬을 만들어 가는 것이 중요합니다.

　팀장이 목적하는 바를 달성할 수 있도록 지원받는다는 것은 본인의 리더십 향상에 있어서도 매우 중요한 요소입니다. 우리는 흔히 상사와 구성원의 상하 방향에 대해서만 주로 신경을 쓰곤 했습니다. 그러나 좌우 방향에 대해서도 이제부터 시간 할애와 노력을 기울여야겠습니다. 지금처럼 경영환경이 복잡해진 시대에는 부서간 콜라보레이션(Collaboration)을 통한 시너지(Synergy)를 창출해야 합니다. 이럴 때 일수록 팀장의 소통 리더십이 매우 중요함을 인식해야 할 것입니다.

유관부서들에 대한 관리를 하는데 있어서

지금까지 사용해왔던 방법을 한 번 점검해보고

조금 더 시간을 들이거나 나의 시각이나 방법, 태도를

변화시킬 것이 있는지 생각해봐야 합니다.

가장 중요한 것은 수평적 관계의 관리를 위한 '절대적인 시간'의

투자입니다. 유관부서와의 업무소통을 위해 쓰는 시간을

의도적으로, 정기적으로 계획해 두어야 합니다.

시간이 확보되어야 그 다음에 필요한 실질적인

행동연습이 가능하지 않을까요?

리더의 칭찬 기술

지난 한주 어떤 칭찬을 들었나요? 어떤 사람은 칭찬은커녕 욕 안 먹고 구박 안 받으면 다행이라고 이야기합니다. 칭찬을 듣는다는 것은 내가 일하는 것에 대해 상대방에게 인정을 받는다는 것입니다. 가치 있는 일을 하고 있다는 이야기입니다. 그러면 1주일 동안 칭찬을 단 한 번도 받지 않았다는 것은 무슨 뜻일까요? 자기가 한 일에 대해 사회적 인정을 받지 못했다는 의미입니다. 어떤 면에서 그 사람이 하는 일은 사회적 가치가 작은 일이라고 할 수 있습니다. 그래서 칭찬받지 못하는 직장생활은 우울합니다.

많은 기업에서 칭찬하기에 관심을 가지고 있습니다. 하루에 한 번씩 동료를 칭찬하자고 하고 칭찬릴레이를 하고 칭찬카드를 만들어 시상을 합니다. 이러한 기업들의 구성원들은 직장 만족도가 높은 편입니다. 하지만 4~50대 리더들은 칭찬 이벤트에서 열외되는 경우가 많습니다. 일단 구성원들은 윗사람 칭찬을 잘 안합니다. 그렇다고 자기 상사인 사장이나 임원들에게 칭찬을 듣느냐 거의 그렇지 않습니다. 직원들 보다 일찍 출근해서 회의하고 업무를 보고 받고 피드백을 하고 주요 고객을 만나는 등 정말 정신없이 일하는데, 누구 한 사람 잘했다고 이야기해 주는 사람이 없습니다. 얼마 전 50대인 대기업 임원을 만났는데, 본인은 하루에 한 두 번은 후배들을 칭찬하는 것 같은데 정작 자신은 칭찬 들어본 게 10년은 더 된 것 같다는 말을 합니다. 기억나는 건 본인이 신입사원 때, 과장이 "당신에게 일 맡기면 안심이 돼"라는 말이었답니다. 너무 기분이 좋아서 의욕적으로 일했던 기억이 난다고 말했습니다.

안타까운 점은 많은 직장인들이 잘했다는 칭찬을 못 들으면서 욕 먹고 사는 현실을 무슨 숙명처럼 받아들인다는 점입니다. 남들에게 인정받지 못하면서 일하는 것은 생각보다 힘든 일입니다. 사실 대부분 직장인들은 사회적으로 가치 있는 일을 합니다. 모두가 맡은 바 일을 하기 때문에 회사가 망하지 않고 돌아가는 것입니다. 직접 말을 하지는 않지만 고객들은 제품과 서비스에 만족하고 감사한 마음을 가지고 있습니다.

어떻게 하면 좋을까요? 받는 것에 익숙하기보다 먼저 칭찬하면 좋겠습니다. 특히 팀장들은 구성원을 자주 칭찬하면 좋겠습니다. 다른 사람을 칭찬하면 좋은 점이 있습니다. 먼저 사회적 인정을 받은 상대방이 기분 좋아지기 때문에 나에게도 좋은 에너지가 옵니다. 그리고 자신을 인정해 준 나에게 호감을 갖게 되어 사람 관계에도 긍정적인 효과가 많습니다.

칭찬을 하려니 어색하고 계속하려니 어렵다는 이야기를 합니다. 아날로그한 방법을 하나 소개합니다. 아침에 출근할 때 100원짜리 동전 10개를 한쪽 주머니에 넣어 둡니다. 그리고 만나는 사람을 칭찬합니다. 일 이야기는 물론 옷을 세련되게 입거나 평소보다 반갑게 인사하는 구성원을 칭찬합니다. 칭찬을 할 때마다 주머니에 든 동전을 반대편 주머니에 옮겨 넣습니다. 보통 오전에 10개의 동전을 모두 옮겨 놓을 수 있습니다. 이처럼 동전 옮기기는 사람관계에서 좋은 평가를 받도록 해 줍니다. 100원짜리 동전 10개, 천원의 힘은 놀랍습니다.

또 내가 타인은 칭찬하는데 정작 나에 대한 칭찬에 너무 인색한 것도 생각해 볼 문제입니다. 잘했는데 칭찬도 못 받고, 상처받았는데 미안하다는 말도 듣지 못하고, 기대조차 못 받으면 정말 괴로운 상황이 되죠. 감정 치유 없이 의무감으로만 일하는 것은 정말 힘든 일입니다. 결국 오래 버티지도 못합니다. 따라서 스스로도 칭찬을 해야 합니다. 위로도 하고 스스로에게 기대감도 줄 수 있어야 합니다. 나와 타인에게 칭찬을 아끼지 않았으면 좋겠습니다. 칭찬은 우리 모두에게 긍정에너지를 만들어 주며 난관과 역경이 왔을 때 대단한 힘을 내게 합니다. 개인이든 조직이든 넘어져도 오뚝이처럼 벌떡 일어날 수 있게 만들어 줍니다.

PART 4

성과를 창출하는
슬기로운 팀장생활

누구나 선망하는
팀 만들기

우리는 뉴스나 신문을 통해 기업의 대주주나 경영진의 일탈 행위 또는 갑질로 인해 기업이 위기에 빠지는 일을 접하곤 합니다. 경영진의 모럴 헤저드(Moral hazard)로 인해 회사에 대해 불매 운동이 일어나고 법적 조치를 당하는 것은 경영진 당사자들에게 직접적인 피해를 주기 때문에 어찌 보면 자업자득이라고 할 수 있습니다. 하지만 예전에 이슈가 되었던 영업사원 갑질 사건과 같이 일반 직원이 일탈 행위를 했을 때, 그 피해는 회사 전체로 미치기 때문에 해당 직원은 물론 팀장도 감당하기 어려운 책임을 질 수밖에 없습니다. 도대체 이런 일들은 왜 발생하는 것일까요? 이런 일이 비단 개인 차원의 문제라고만 볼 수 있을까요? 많은 기업들이 조직을 운영하는데 있어 모든 구성원들에게 회사의 존재 목적인 미션, 회사의 미래상과 큰 목표인 비전, 직원들이 일하는 원칙과 기준인 핵심가치를 내재화할 것을 요구하고 있습니다. 그리고 내재화의 책임을 상당 부분 팀장에게 맡기고 있습니다. 하지만 회사 존재 목적인 미션이나 몇 년 후의 비전은 너무 크고 멀게 느껴져 구성원들로 하여금 추상적이라고 생각하게 하는 경향이 있습니다. 팀장조차도 급하고 중요한 문제를 해결하느라 관심을 기울이지 못할 뿐 아니라, 팀원들의 공감대를 어떻게 형성할지 고민이 있습니다. 이러한 상황이다 보니 많은 구성원들이 회사가 중요하게 생각하는 가치에 대한 인식과 이해는 물론 공감조차 하지 못하는 경우가 있습니다.

"기업 가치관, 어렵게 느껴지는데 어떻게 설명해야 하나요?"

어느 대기업 팀장이 제게 했던 질문이었습니다. 미션, 비전, 핵심가치가 개념이 비슷하고 헷갈린다고 하면서 말이죠. 회사에서는 지속적으로 강조를 하는데 구성원들은 별 관심이 없고 팀장으로서 당장 해야 할 일을 생각하면 세월 좋은 이야기로 느껴진다고도 합니다. 그래도 팀장으로서 회사의 가치관을 경시할수 없는 입장이라 조금 더 명확하게 이해하고 싶다고 합니다.

우리는 경영목표, 경영전략, 전략목표에 따른 추진과제를 진부하다고 생각하지 않습니다. 그런데 미션, 비전, 핵심가치에 대해서 이렇게 생각하는 분들이 있습니다. 기업의 궁극적인 존재목적이나 앞으로 어떤 기업이 되겠다는 비전, 또 직원들의 업무 원칙과 기준도 정하지 않고 경영한다는 것은 상식적으로 생각해 봐도 바람직하지 않습니다. 올바른 기업활동을 하기 위해서는 기업 고유의 목적과 목표를 가지고 있어야 합니다. 그리고 이를 기준으로 경영 목표나 전략이 정리되어 있어야 합니다.

경영전략과 기업 가치관은 긴밀히 연계되어 있습니다. 기업 가치관은 미션, 비전, 핵심가치로 표현되는데 결론적으로 미션이나 비전이 없거나, 있더라도 모호한 경우 경영전략은 불완전한 상태에 놓이게 됩니다. 기업 가치관과 연계되지 않은 경영전략은 기반이 탄탄하지 않아 사상누각이 될 수밖에 없습니다.

가치관에 대해 다음과 같이 설명을 한다면 팀장도 쉽게 이해가 되고 직원들에게도 정확한 설명이 가능할 것입니다.

먼저 미션을 북극성이라고 생각해 보십시오. 영어로 폴라리스(Polaris), 우리 회사만의 폴라리스입니다. 과거, 현재를 거쳐 미래에 우리 회사가 궁극적으로 추구해 가야하는 목적이죠. 우리 회사가 몇 년 정도 존속하기를 원하십니까? 내가 다닐 때까지만 있으면 되는 것은 아니겠죠? 모든 기업은 영속적으로 지속 성장 발전하기를 기대하고 있습니다. 앞으로 100년, 200년이 지나도 지속가능성을 담보하기 위해서는 그 기업이 존재할 이유와 목적이 있어야 합니다. '인류의 건강, 편리함, 즐거움, 행복 추구…' 이런 것들이 궁극적인 목적인 미션입니다. 북극성처럼 우리가 도달하기 어려울 수 있습니다. 하지만 반드시 가야하는 지향점으로 기업이 존속하는 한 지속적으로 추구해 가야 하는 것입니다.

비전의 경우는 조금 다릅니다. 비전은 매우 힘들지만 노력하면 도달할 수 있는 지점을 말합니다. 비전은 상징적으로 말하자면 세계에서 가장 높은 8,848미터 에베레스트산 꼭대기라고 할 수 있습니다. 지금 당장 도달하기는 어렵지만 최선을 다해 노력하면 오를 수 있는 곳입니다. 우리 회사만의 에베레스트산이 바로 비전입니다. 전문 산악인들은 에베레스트산을 오를 때 캠프를 정합니다. 캠프 1, 2, 3, 4, 5… 이런 식으로 말입니다. 정해놓은 캠프를 한 곳, 한 곳 도달해야 결국 에베레스트 산에 오를 수 있습니다. 이러한 캠프를 목표라고 생각하면 됩니다.

요즘 에베레스트산을 일 년에 몇 명이나 올라갈까요? 1977년 대한민국 고상돈 대원이 전 세계에서 8번째로 에베레스트산을 정복했습니다. 무전을 통해 "여기는 정상, 더 이상 오를 곳이 없다."라는 유명한 말을 남기기도 했습니다. 당시 전 국민이 환호하고 카퍼레이드를 하기도 했습니다. 그만큼 정말 어렵고 소중한 성공이었다는 이야기인데요. 요즘은 정상에 도달하는 인원이 1년에 어림잡아 1,000명이 넘는다고 합니다. 이것이 가능한 이유는 베이스캠프가 있기 때문입니다.

베이스캠프까지는 차를 타고 올라가기도 하고 헬기를 타고 올라가기도 합니다. 처음에는 한라산 높이인 2천 미터, 다음으로 일반인은 호흡하기 어려운 4천 미터, 지금은 6천 미터 이상 되는 지점에 만듭니다. 캠프의 높이를 선택하는 것은 돈과 체력입니다. 6천 미터를 헬기로 올라갑니다. 돈이 아무래도 많이 들겠죠. 그런데 문제는 돈이 아닙니다. 평범한 사람이 헬기로 6천 미터에 내리게 되면 고산병으로 사망할 수도 있습니다. 체력도 중요하죠. 돈과 체력 등에 의해 2천, 4천, 6천 미터 중 어디에 베이스캠프를 설치할 것인가를 정하는 것입니다. 베이스캠프는 곧 '전략'이라고 할 수 있습니다. 전략은 목표를 달성하기 위한 방법입니다. 목표와 전략은 경영전략에서 가장 중요한 핵심입니다. 여기에는 중요한 시사점이 있습니다. 목표와 전략은 궁극적인 방향성인 미션과 큰 목표인 비전이 없으면 성립하기 어려운 개념이라는 것입니다. 여기에 미션을 향해 나아가면서 비전을 향해 올라가는 방법을 핵심가치라고 부릅니다.

올라가는 방법은 회사마다 천차만별일 것입니다. 회사의 역량이 강하면 수직 직벽을 타고 빠르게 올라갈 것이고, 어떤 회사는 하루에 몇 백 미터씩 서로 손잡고 올라가겠죠. 신뢰, 소통, 전문성, 열정, 도전, 자율 등의 올라가는 다양한 방법들, 이런 것들이 핵심가치입니다. 그래서 미션, 비전, 핵심가치로 표현되는 기업 가치관은 경영전략 수립의 출발점이라고 하는 것입니다.

두 번째. 답변을 부탁해!

"기업 가치관, 직원들은 관심 없는데 어떻게 공감하게 할까요?"

어느 중견기업 팀장이 했던 질문입니다. "그래도 팀장 정도 되면 가치관에 대한 교육도 받고 가치관을 중요하게 생각하지만, 요즘 구성원들은 관심도 별로 없는데 이걸 어떻게 공감할 수 있게 하느냐?"는 것인데요.

이렇게 이야기하고 싶습니다. "혹시 팀장인 당신이 중요하게 생각하지 않는 것은 아닌가요?" 라고요. 조금 공격적인 답변일까요? 물론 많은 팀장들은 리더로서 학습에 대한 자기주도성도 있고 직장 생활의 많은 경험들을 통해 미션, 비전, 핵심가치가 중요하다고 생각하는 분들이 많이 있습니다. 물론 팀장들 중에서도 기업 가치관을 경시하는 분들이나 후순위로 설정하신 분들이 더러 있습니다. 이래서는 구성원들의 관심을 불러일으킬 수 없습니다. 그러고는 구성원들이 관심이 없다고 하기에는 오해가 있을 수 있다는 것입니다.

조직의 구성원들이 가치관에 대해 관심 없다고 생각하는 것, 정말 그럴까요? 이 부분은 심도 있게 생각해 볼 필요가 있습니다. 오히려 젊은 구성원들이 기성세대보다도 가치관에 관심이 더 많을 수 있습니다. 무슨 이야기이냐 하면 젊은 구성원들은 본인에게 별 의미가 없는 일을 싫어하는 경향이 있습니다. 또한 즐거움을 주지 못하는 일 역시 싫어합니다. 업무나 성과, 보상 등에 있어서도 원칙과 기준 없이 나이나 직급으로 정해지는 것을 더더욱 싫어하죠. 기업의 가치관은 바로 이러한 내용들(구성원들이 의미 있게 생각하거나 일에 대한 원칙과 기준 등)이 담겨져 있습니다. 기업의 존재 목적, 기업이 가고자 하는 비전, 그리고 우리 조직의 일하는 원칙과 기준 말입니다.

기업 가치관에는 구성원들이 공감할 수 있는 부분이 생각보다 많이 있습니다. 기업이 가치관을 강조하는 것은 우리 회사가 가장 중요하게 생각하는 것을 직원들에게 신념화 해달라고 요구하는 것인데, 이러한 가치가 구성원들에게 의미를 가지게 할 수 있게 한다면 그 효과는 엄청날 것입니다.

그런데 많은 구성원들은 내용에 대한 공감 이전에 회사가 가치관을 무조건적으로 강요한다고 생각합니다. 리더들 중에도 이러한 의견을 가진 사람들이 존재하는 편이죠. 가치관을 주입한다고 생각하는데요. "여기가 공산당이냐? 신념이나 가치관은 개인이 알아서 하게 놔둬라"라는 말들도 흔히 들어볼 수 있습니다. 그런데 이 점이 오해라는 것입니다.

개인의 가치관을 나이나 지위가 높다고 타인에게 강요해서는 안 됩니다. 왜냐하면 각자 자신의 가치관이 존재하고, 또 서로 다르기 때문입니다. 이렇게 다른 가치관들을 회사에서 개인별로 보장해 준다는 것은 말이 안되는 것이죠. 회사에는 나이가 많은 사람, 직급이 높은 사람, 목소리가 큰 사람이 있습니다. 이런 일부 사람들의 가치관만 존중받게 된다면 다른 구성원들의 가치관은 침해당할 수밖에 없게 되죠. 그래서 회사에서 일할 때는 어느 특정 개인에게 국한된 것이 아닌 공통의 가치관이 필요합니다. 개인들의 합의된 공통된 가치관들이 바로 조직의 가치관이라 할 수 있습니다.

여기서 포인트는 하루 8시간, 주 40시간 회사에서 일할 때만이라는 전제입니다. 우리는 회사에서 고객을 대상으로 일을 합니다. 고객들을 위해 일을 하는 순간만은 "우리 회사는 이런 목적을 위해 존재하고 이런 기여를 합니다."라고 말하자는 것입니다. 또한 우리는 동료들과 함께 일을 하지 않습니까? 일을 할 때는 서로 간의 신뢰, 소통, 협력 등 이런 가치들을 원칙과 기준으로 하자는 것이죠. 또 우리는 혼자 자기 업무를 할 때가 있습니다. 그럴 때 그냥 아무 생각 없이 일을 하지 말고 우리 회사의 미션, 우리 회사의 비전에 도움이 되는 일을 하자는 것입니다. 더도 말고 덜도 말고 딱 여기까지입니다.

퇴근하면서 집으로 향할 때 인류의 행복, 세상의 즐거움, 사람들의 편리함 등 이러한 것들에 대한 스트레스를 받을 필요 없이 경치도 보고, 사람 사는 모습도 보면 됩니다. 집에서 가족들과 함께 하는 시간에 굳이 회사의 열정과 도전, 전문성, 책임 이런 것을 기준으로 행동할 필요도 없습니다. 좋은 내용이기는 하지만 가정은 회사가 아니니까요. 가족들을 모아 놓고 우리 회사의 비전과 목표는 이런 거니까 모두들 이것이 달성되도록 마음으로 지지하고 주변 사람들에게 홍보하라고 할 필요도 없다는 것입니다. 일하는 동안 고객을 만나고 동료와 협력하고 각자 자기 업무를 할 때 우리 회사의 가치관에 근거하여 말하고 행동하자는 것이죠.

이 정도 설명이면 우리 구성원들도 충분히 거부감 없이 받아들릴 수 있을 것입니다. 이것이 바로 가치관 내재화입니다. 가치관 내재화는 거창할 필요도 없고 거창하다고 해서 잘 작동하는 것도 아닙니다.

"구성원들이 주인의식을 가지고 몰입하게 할 좋은 방법이 없을까요?"

교육 현장에서 만났던 한 팀장의 고민입니다. 구성원들이 단지 돈을 벌기 위해 일하는 것이 아니라 우리 회사가 가진 미션과 비전을 생각하며 일하면 좋겠다는 바람을 이야기했습니다. 더불어 팀은 회사의 작은 부분이지만, 팀 차원에서 팀원들이 좀 더 주인의식을 갖고 몰입할 수 있도록 할 수 없는지 물었습니다.

최근 몇 년 동안 선진 기업들을 중심으로 팀의 미션과 비전을 정하는 조직이 많이 생겨나고 있습니다. 예를 들어 H사의 트럭 엔진을 연구하는 연구개발팀의 미션은 '우리가 만든 차 때문에 일을 못 하는 일이 없게 하겠다.'라고 되어 있습니다. 1톤짜리 트럭 운전하는 사람들은 주로 자영업자나 중소상공인들이 많이 있죠. 이 분들은 하루하루 생계가 중요한데, 트럭 엔진이 고장 나면 일을 아예 할 수가 없습니다. 튼튼하고 성능 좋은 엔진을 만드는 것이 사람들이 일반적으로 생각할 수 있는 이 팀의 미션이지만 더 확장된 고민을 한 것이죠. 그 팀에 가면 플랜카드에 미션이 커다랗게 붙어 있습니다. 이 회사의 또 다른 팀 비전은 '타사의 기술에 의존하지 않는 우리만의 독자적인 기술을 만든다.'입니다. 이렇게만 되면 회사에는 원가절감으로 기여하고, 국가적으로도 매우 도움되는 일이 되는 것이겠죠. 여기에서도 팀원들이 사무실에 큼지막하게 플랜카드를 붙여 놓고 회의 때마다 제창하고 있습니다. 방금 소개해드린 두 팀은 우리나라를 대표하는 자동차 회사의 연구소 소속팀인데, 전체 연구소의 100여 개 팀 모두가 팀의 미션과 비전을 만들어서 지속적으로 내재화하고 있습니다.

미션이나 비전을 회사 차원에만 존재하는 것으로 국한할 필요는 없습니다. 회사의 미션이나 비전을 단위 조직으로서 어떻게 연계하여 구현할 것인가를 구체화할 필요가 있습니다. 회사 차원의 미션이나 비전이 다소 추상적으로 다가온다면 단위 조직의 미션, 비전 등은 더욱더 구체화되어서 실천지향적으로 다가올 것입니다. 그리고 이러한 활동들은 팀의 일체감과 소속감에도 도움이 될 것입니다.

팀과 같은 단위 조직의 가치관 수립에 대해 한 병원을 사례로 들겠습니다. A병원의 미션은 '최상의 치료로 사람들의 건강과 행복에 기여한다.'입니다. 그리고 비전은 '세계 최고의 종합병원'이라고 되어 있습니다. 병원에는 여러 부서가 있겠죠. 의사들이 일하는 진료부와 간호사들이 일하는 간호부, 방사선과

물리치료 같은 의료지원부가 있고 경영지원부 등도 있을 것입니다. 그러면 최상의 치료와 세계 최고의 종합병원이 되기 위해 간호부는 어떤 미션과 비전을 가질 것인가를 고민할 수 있을 것입니다. 예를 들어 간호부의 미션은 '인간을 존중하며 세계 최고 수준의 간호를 제공하여 건강과 행복에 기여한다.'와 같습니다. 경영지원부 비전은 '세계 최고 종합병원에 맞는 인재를 채용하고 육성한다'. 이러한 내용으로 구성을 할 수 있겠죠.

그렇다면 구체적으로 어떻게 만들 수 있을까요? 기본원리는 구성원들의 공감, 참여, 합의입니다. 팀장이 발의해서 공감대를 형성하고 팀원들이 토론하고 그 결과에 대해 팀장과 팀원들이 합의하는 것입니다.

미션을 만드는 방법은 우리 팀이 회사나 세상에 기여할 수 있는 것이 무엇인지를 우선적으로 찾는 것입니다.

다음의 세 가지 주제에 대해 토론하면 됩니다.

① 우리 팀은 무슨 일을 하는가?

② 만약에 우리 팀이 없다면 우리 회사와 세상은 무엇이 불편할까?

③ 우리 팀이 우리 회사와 세상에 기여하는 것은?

앞에 연구소 사례에서 보듯 최종적으로 도출된 것은 '우리가 만든 차 때문에 일을 못하는 일이 없게 하겠다.'가 된 것입니다. 이러한 세 가지 관점의 질문에 대해 서로 토론하고 합의해 나가면 우리 조직만의 훌륭한 미션이 수립될 것입니다.

이에 비해 비전은 앞으로 3년 정도의 기간에 우리 팀이 이루고 싶은 정말 멋지고 큰 목표를 찾는 것입니다. 보통 기업의 비전은 5~10년 정도의 기간을 정하지만 팀 비전의 기간으로는 적당하지 않습니다.

팀 비전은 사업적인 목표와 직장으로서 팀 목표로 구성됩니다. 사업적인 목표는 우리 팀이 회사를 위해 이루어야 할 목표 또는 우리가 해내고 싶은 것입니다.

이에 반해 직장으로서의 팀 목표는 내부 구성원이 이루고 싶은 팀의 모습입니다. 예를 들면 팀 평가 1등이 되는 것도 있고 승진자가 많이 나오는 것, 내부 조직문화 차원의 목표도 있을 수 있고 팀원들의 전문성 강화가 될 수 있습니다.

방법은 기간을 정하고 사업적으로 이루고 싶은 목표 3~5개, 직장으로서 만들고 싶은 팀 목표 3~5개를 정합니다. 그리고 이 모든 것이 이루어진 모습을 한 줄의 슬로건으로 정합니다. 그래서 나온 것이 연구개발팀의 사례로 보면 '독자적인 기술 개발'입니다.

예전에 팀장으로 있을 때 팀의 목표를 만든 적이 있는데요. '팀 평가 1등을 달성해서 인센티브 받아 제주도 여행 가기'라고 목표가 만들어 졌습니다. 아쉽게도 결과는 이루지 못했습니다. 목표 기한을 정한 해에 제주도를 못 가는 대신 팀원들과 해운대에 가서 바다도 보고 횟집에서 파도가 출렁이는 창 밖을 바라보며 회식했던 기억이 납니다. 지금도 당시 팀원들과 만나면 해운대 여행의 추억을 떠올리곤 합니다.

팀의 미션과 비전은 우리 팀을 수준 높은 팀으로 만들고 구성원들의 주인의식과 몰입을 이끄는데 도움이 됩니다. 어렵지 않습니다. 지금 당장 계획을 세워 실행해 보시기 바랍니다.

높은 목표를 가진
팀 만들기

평소 팀원과 인간적인 대화를 나누지 않고 업무에서 신뢰도 보여주지 않는 팀장이 목표수립 시즌만 되면 태도가 바뀝니다. "김 과장 능력이면 이번 실적 50억 달성은 충분하리라 생각해. 원래 잘 하는 사람이니까 도전적으로 목표를 세우고 열심히 하면 될 거야. 가능하지?"라고 말합니다. 김 과장은 팀장이 자기를 신뢰한다는 사실을 이번에 처음 알았습니다. 그런데 돌이켜 보니 팀장은 목표수립 시즌만 되면 늘 이런 식이었습니다. 항상 근거도 없이 무리한 목표를 주었고 어려운 상황에서는 지원도 없었으며 무엇보다도 업무 진행 사항에 대해 관심도 없었습니다. 그래서 김 과장의 인사고과는 그다지 좋지 못했습니다. 이번에는 목표를 그대로 수용할 수 없다고 생각했습니다. 그래서 김 과장은 팀장에게 어떤 근거로 이런 목표를 제시하였는지를 물었지만 단지 "잘 할 수 있을 거라 믿는다"는 대답만 돌아왔습니다. 이 업무에 대한 목표를 설정한 근거도 없고 지원 사항에 대한 이야기도 없습니다. 또한 주어진 성과를 달성했을 때에 대한 보상 관련 이야기도 일절 없습니다. 김과장은 고민이 많습니다. 이번에는 팀장의 의견을 수용하기가 쉽지 않은 상황이라 부서를 이동할지, 이직을 해야 할지 여러 생각이 듭니다.

이런 상황이 계속된다면, 팀장에 대한 구성원의 신뢰는 점점 사라지게 될 것입니다. 특히 특정 구성원이 아닌 모든 구성원에게 이런 상황이라면 더더욱 그 팀의 앞날은 보이지 않게 될 것입니다. 높은 목표를 설정하는 것은 잘못된 것이 아닙니다. 높은 목표와 함께 팀이 열정적으로 매진하는 것은 팀의 모습으로서 바람직합니다. 하지만 높은 목표를 설정하는데 있어서는 구체성과 근거가 있어야 합니다. 또 구성원들이 이를 합리적으로 받아들이는 것이 팀 성과 달성이라는 한 해 농사의 출발점이라는 사실을 알아야 할 것입니다.

"목표를 낮게 잡고 강한 목표의식이 부족한 이유는 무엇일까요?"

팀장으로서 이런 고민 없었나요? 대부분 연초에 목표를 설정할 때, 팀원들이 높은 목표를 세우고 이를 달성하기 위한 높은 실행력을 가졌으면 좋겠다고 생각합니다. 그런데 팀원들은 목표를 가급적 낮게 잡으려 합니다. 목표의식이 부족한 것으로 보입니다. 왜 이러한 상황이 나타나는 것일까요? 또 무엇이 문제일까요?

목표 설정을 할 때, 상향식(Bottom-up)으로 하위 조직의 목표를 모아 상위 조직의 목표를 정할 수도 있지만 큰 목표를 정하고 하위 조직으로 목표를 하향식(Top-down)으로 배분할 수도 있습니다. 물론 조직의 특성과 상황에 따라 다르겠죠. 그런데 조직의 목표를 100으로 정하고 구성원에게 각자 목표를 세워서 보고하라고 했는데, 목표를 전부 합했더니 100 또는 그 이상이 아닌 100에 한참 못 미치는 경우가 있습니다. 경영환경이 어려워지는 상황에서 현실적인 목표를 세울 때 이런 일이 종종 생기곤 합니다. 하지만 현재 상황은 다소 어렵지만 시간이 조금 지나면 상황이 좋아질 수 있고 조직의 잠재력이 높은 경우에는 이런 일들이 안타깝기만 합니다. 이러한 상황에서 팀장이 일일이 목표설정 코칭을 해서 개인별 목표를 높이는 것은 어렵지 않습니다. 근거나 데이터 등을 가지고 설득하면 구성원이 납득을 하는 경우도 있고 때로는 어쩔 수 없이 수긍할 수도 있습니다. 문제는 목표 달성을 못했을 때 그 책임을 팀장이 모두 짊어질 수 있어 부담이 된다는 것입니다. 연말에 성과평가를 할 때 "그때 제가 지금 달성할 수 있는 목표를 제시했는데 팀장님이 무리하게 정해 주셨잖아요."와 같은 항변이 일어나는 것이죠.

팀원들이 목표를 낮게 잡는 이유를 긍정적인 시각에서 보면 책임감 때문입니다. 목표 달성을 못해 팀 전체나 팀장에게 피해를 주지 않으려는 생각인거죠. 그러나 이 보다 더 큰 이유는 책임 부담을 느끼기 싫다는 것일 수도 있습니다. 목표를 적게 세우고 초과 달성하고 싶다는 것입니다. 괜히 처음부터 목표를 높게 세우면 달성하기도 어려울 뿐더러 목표에 미달하기 싫다는 거죠. 100을 하겠다고 하고 120을 하면 20% 초과 달성이 됩니다. 150을 하겠다고 하고 120을 달성하면 20% 미달이 됩니다. 실제 성과는 똑같은데 목표에 따라 전자는 목표 대비 120% 달성인데, 후자는 80% 달성이 되는 것입니다. 성과평가가 달라지니 문제가 되는 것입니다. 팀원 입장에서는 적게 잡고 초과달성 하는 것이 나름 지혜로운 상황이 되는 것이죠. 이런 전체적인 상황과 맥락을 읽지 못하고 대응하지 못하는 팀장은 분명 문제가 있습니다. 목표를 무턱대고 높게 세우라고 지시한 뒤 구성원들의 목표 달성을 믿는다고 이야기하면 구성원의 신뢰는 저하되고 성과 또한 낮게 나올 수 밖에 없습니다. 팀장으로서 알아야 할 목표와 목표설정! 목표에는 레벨이 있습니다.

목표에는 세 가지 종류가 있습니다. 첫째, 일상적 목표입니다. 지금까지 추세를 보았을 때 달성할 수 있는 목표입니다. 조금 더 최선을 다해 노력하면 달성할 수 있는 목표입니다. 예를 들면 지난해에 비해 10%, 20%, 30% 정도 더 하겠다는 목표입니다. 보통 가시적인 목표라고 하고, 많은 조직에서 이러한 양상을 보입니다. 업에 따라 다르긴 하겠지만 일상적 목표는 혁신적인 목표가 아니며 큰 발전은 없습니다. 둘째, 문제해결 목표입니다. 특정 문제가 반드시 해결되어야 가능한 목표입니다. 예를 들어 회사차원에서는 M&A를 해서 기술과 역량을 보강하고 싶은데 회사의 조직문화가 강하지 못해 M&A를 엄두도 내지 못 하는 것입니다. 조직문화가 강해지면 M&A를 효과적으로 할 수 있다는 것이죠. 신제품을 통해 매출 창출을 목표로 했을 때, 신제품이 개발되면 이룰 수 있는 목표가 바로 문제해결 목표인 것이죠. 셋째, 도전적 목표입니다. 내부적으로 강력한 몰입과 노력을 기울이면서 외부 환경을 극복할 수 있을 때 세울 수 있는 목표입니다. 기본적으로 성장하는 조직이거나 시장이 커지고 있는 상황에서 선도적인 위치를 다지기 위해서는 도전적, 혁신적 목표를 세워야 합니다. 이런 상황에서의 리더라면 구성원들이 도전적 목표를 설정하고 몰입과 노력을 기울여 주길 바라겠죠.

자, 그렇다면 다시 본론으로 돌아와서 구성원들과 목표를 설정하고 이를 합의하기 위해서는 어떻게 해야 할까요?

어려운 주제지만 방법은 이외로 간단합니다. 목표에는 세 가지가 있다는 것을 팀장이 먼저 알고 있어야 합니다. 다음으로 세 가지 목표가 있는 양식을 나눠주고 그 빈칸을 팀원들이 채우도록 하는 것입니다. 첫 번째로 일상적 목표는 연간 달성해야 할 과제들과 추정 실적을 채우도록 안내하면 됩니다. 두 번째 문제해결 목표는 해결해야 할 과제와 장애를 도출하고 이에 대한 해결 방안을 제시하도록 안내하면 됩니다.

마지막으로 가장 난이도가 높은 도전적 목표의 작성입니다. 이 목표는 실패할 수도 있지만 최선을 다해야 하는 도전적이고 혁신적인 목표를 기술하게 하는 것입니다. 우리가 앞의 사례에서 살펴본 것처럼, 목표 수립을 할 때 무턱대고 목표를 세우라고 하면 효과가 없습니다. 올바른 목표를 세울 수 있는 구체적인 방법을 알려주고 쉽게 작성할 수 있도록 가이드를 제공하면 도움이 됩니다. 중요한 것은 목표 기술만 해서 끝나는 것이 아니라 합의의 시간이 필요하다는 것입니다. 목표의 적절성, 추진 일정, 지원 사항 여부, 성공에 대한 기준 등에 대해 반드시 시간을 내어 구성원들과 토론하는 시간이 필요합니다. 그렇게 해야 구성원 역시 자기 목표에 대한 인식과 주인의식이 생기고, 업무를 대하는 자세와 열정이 달라질 것입니다.

다음으로 살펴볼 것은 목표를 낮게 잡는 이유 중의 하나인 책임과 보상에 대한 부분입니다.

도전적인 목표를 잡았는데 실패했을 때 개인에게 피해가 가는 분위기가 되어서는 안됩니다. 도전적 목표는 달성을 위해 최선을 다해 노력해야 한다는 점과 함께, 달성하면 좋지만 그만큼 어렵다는 점 역시 인정해야 합니다. 목표 달성에 실패해도 조직에 주는 교훈도 있기 때문에 실패를 용인하는 조직문화가 되어야 합니다. 일부 회사에서 실시하는 것처럼 오히려 실패를 격려하고 포상까지 할 수 있으면 좋을 것입니다.

마지막으로 도전적 목표를 통해 성과를 달성했음에도 불구하고 조직의 인정과 칭찬이 약한 경우입니다. 현실적으로 불가능해 보인 일을 해결하고 성과를 냈는데도 제대로된 보상이 없다면 개인의 성취동기는 저하되게 됩니다. 팀장의 권한이 많지는 않지만 성과에 맞게 최대한의 보상을 제공하도록 노력하는 모습이 필요합니다. 물론 여기서의 보상은 물질적 보상도 있겠지만 강한 동기부여를 제공해 주는 인정과 칭찬도 포함됩니다. 인정과 칭찬의 조직문화를 가진 팀이 장기적으로 보았을 때 높은 목표를 지속적으로 달성해 내게 됩니다. 결국 목표를 세우는 것은 팀원 개인의 능력과 의지 문제가 아니라 철저히 팀장이 만들어 내는 환경의 문제라는 사실을 기억해야겠습니다.

"어떻게 하면 탄탄한 조직력을 갖춘 경쟁력 있는 팀을 만들 수 있을까요?"

팀장이라면 이런 고민을 할 것입니다. "내가 팀장으로 있는 팀, 어떻게 하면 탄탄한 조직력을 갖춘 경쟁력 있는 팀으로 만들 수 있을까?", "팀원들이 우리 팀에서 일한 경험으로 나중에 좋은 리더가 될 수 있다면…"과 같은 고민입니다.

아마 팀장이라면 좋은 인재들과 함께 최선의 결과를 만들어 내는 최고의 팀을 만드는 꿈을 꿀 것입니다.

과거 직장생활을 떠올려 보니 기억나는 팀이 몇 개 있습니다. 팀장으로서 좋았던 분도 생각이 나고 그렇지 않았던 분도 떠오릅니다. 저의 경험을 바탕으로 주간회의를 하던 방식을 소개 하겠습니다. 당시 팀장으로 모셨던 분 중에 글로벌 IT기업 출신인 분이 있었습니다. 이 분은 아침마다 스탠딩 미팅을 주관하여 전 팀원이 서서 15분 정도 개인 업무목표와 계획, 일정을 공유하게끔 했었습니다. 팀장에게 일방적으로 보고하는 것이 아니라, 팀원 간 업무 현황 및 정보 공유, 그리고 서로 간 지원 사항을 확인하는 등을 중심으로 진행이 되었습니다. 미팅을 하면서 나의 업무도 정리가 되고 팀원들 일정과 하는 일들이 공유가 되어 좋았던 것 같습니다. 제가 팀장이 되고 나서는 거의 이 방식으로 주간회의를 했던 기억이 납니다. 이러한 방식이 바로 IT 회사들이 하는 스크럼 방식의 미팅이더군요. 팀장의 일하는 방식은 이렇게 긍정적으로 영향을 미칠 수도 있습니다.

탄탄한 조직력과 경쟁력에 도움이 되는 방식을 하나 소개합니다. 존 도어(John Doerr)라는 사람이 쓴 구글의 일하는 방식 OKR입니다. 전설적인 벤처투자가라고 불리는 이 사람이 구글에 OKR을 도입하게 했다고 하죠. Objective Key Results의 약자인 OKR은 OKR은 3-3-3법칙인데요. 3개월에 3개의 목표와 각각 3개의 핵심 결과물을 정하고 실행하고 피드백 하는 방식입니다. 이것은 조직이 강한 목표의식을 갖고 핵심 결과물을 달성하는 것으로, 존 도어는 "OKR은 조직 전체가 동일한 사안에 집중하도록 만들어 주는 경영도구이다"라고 표현하였습니다. OKR 도입을 권하는 이유는 상당히 도전적이고 탄탄한 조직 관리 방식이 될 수 있기 때문입니다.

OKR의 취지는 팀이 강한 목표의식을 갖고, 도전적으로 실행하고 같은 생각을 바탕으로 긴밀히 소통하며 탄탄한 조직력을 갖출 수 있다는 데 있습니다. 많은 팀이 연간 목표를 가지고 있지만 강한 목표의식을 유지하는 것은 말처럼 쉽지 않습니다. 팀원들 각자가 실무에 치여 정신이 없죠. 여기에 월 단위로 실적관리를 하고 주간단위로 점검하는 체계라면 도전적인 문화가 만들어지기 어렵습니다. 그러다 보면 형식적인 월간회의, 주간회의를 할 수 밖에 없는 환경이 만들어집니다. 연말이 되면 연간 목표 달성에 급급하게 됩니다. 최고의 팀이 되려면 그에 맞는 환경과 일하는 방식이 갖추어져야 합니다. 간단하게 소개하겠습니다.

1단계는 Objective(목표)와 Key Results(핵심결과지표)를 정하는 것입니다. 3개월 동안 이루고 싶은 도전적인 목표 3개를 정하는 것입니다. 팀의 미션과 비전을 떠올리고 올해 목표를 생각하면서, 팀장이 생각하는 탑다운(Top-down)과 팀원이 생각하는 보텀업(Bottom-up)을 순환적으로 토론하여 도전적인 목표를 정합니다. 예를 들어 '원가를 낮춘다', '신제품을 개발한다', '소통을 개선한다'와 같은 목표입니다. 그리고 3개의 Objective에 대하여 3개월 이후 팀이 얻을 수 있는 최종적 지표 결과물을 각 3개씩 정하는 것입니다. 그러면 3개의 Objective(목표)와 9개의 Key Results(핵심결과지표)가 만들어지게 됩니다.

2단계는 실행입니다. 12주 동안 이것을 실행하는 것입니다. 3개월이니까 월간 점검이 3회, 주간 점검이 12회입니다. 주간 점검은 월요일과 금요일로 하는 것이 일반적입니다. 월요일은 OKR 실행 계획을 점검합니다. 보통 주간회의가 있을 수 있는데 회의에 묻어서 하지 말고 주간회의에 이어서 OKR 미팅을 30분 정도 진행합니다. 이번 주 계획을 공유하고 팀원들의 계획도 점검합니다. 금요일은 주간 점검인데, 이것은 대면 미팅과 같은 회의방식으로 하면 피로감이 생기기 때문에 카톡이나 메신저 등을 통해 주간 진척사항을 공유하는 수준으로 하면 좋습니다. 중간에 화, 수, 목은 오전에 짧게 미팅이나 메신저 등을 통한 실행 사항을 공유합니다. 3개월이면 쉽게 12주이니까, 12주 동안 월요일 계획 공유, 화-수-목 실행, 금요일 점검이 반복되는 것입니다.

3단계는 피드백입니다. 보통 12주 중 10,11,12주에 팀장이 마무리 준비를 합니다. 성과도 점검하고 다음 단계 OKR도 준비하는 시기입니다. 최종 단계에서는 크게 3가지 요건이 있습니다.

첫째, OKR을 만들고 열심히 달려왔고 우리 팀의 자원도 많이 투입되었기 때문에 반드시 성공적이어야 합니다. 그러려면 무엇이 성공했는지 무엇이 부족했는지를 파악해야 합니다. 성공이든 실패든 반드시 의미 있는 성과가 있어야 합니다. 성과가 났으면 좋고 실패했더라도 거기서 얻는 교훈이 있어야 합니다. 재무적으로 원하는 성과를 얻지 못했더라도 최선을 다했다면 과정에서 배운 것이 있으니 그것을 잘 정리해야 합니다.

둘째, 구성원들에게 대한 피드백입니다. 고생을 했으면 보람이 있어야 합니다. 과정에서 최선의 노력을 통해 성과를 낸 팀원이 있고, 실패를 했지만 조직에 도움을 준 팀원도 있습니다. 칭찬과 격려가 있어야 하고 시상도 해야 합니다. 과정에서 최선을 다하지 못 했거나 실수를 해서 도움이 되지 않은 팀원이 있다면 반드시 자극을 주어야 합니다. 성과를 확인하고 사람에 대해 확인하는 피드백 미팅 또는 클로징 미팅이라는 이름의 피드백이 필요합니다.

마지막으로 새로운 3개월의 OKR을 만들어야 합니다. 진도가 나간 부분에 대해서 확실히 인식해야하고 성과를 바탕으로 다음 단계를 어떻게 해야 하는지를 정하는 것입니다.

OKR은 최근 많은 기업이 경쟁적으로 도입하는 도구입니다.

아마도 대부분 회사는 전사 차원에서 진행하고 마지막 단계가 팀이 될 가능성이 있습니다. 이것을 팀에 도입하여 팀 성과를 내고 팀장의 효과적 리더십 발휘에 도움이 되는 도구가 되길 바랍니다. 책과 인터넷에도 관련해 많은 정보가 있으며, 잘 진행되고 있는 곳을 벤치마킹 하는 것도 시작 전 도움이 될 것입니다. 중요한 사항이 있습니다. OKR을 도입했는데 문제가 발생한다면 즉시 중단할 것을 권합니다. 팀장이나 팀원들이 준비가 안 되어 있어 당장 우리 팀에 적용하기 어려울 수 있습니다. OKR은 목표관리 도구가 아닙니다. 팀장과 팀원이 강한 목표의식을 가지고 우선순위를 정해 도전을 촉진하는 도구일 뿐 입니다. 팀장도 힘들고 팀원도 귀찮고 싫어하는 상황이라면 OKR이 추구하는 취지와도 다를 뿐더러 우리 팀에 맞지 않는 것일 수도 있습니다. OKR 말고도 팀 성과와 팀워크를 강하게 할 수 있는 업무 방식 개선 도구는 많이 있습니다. 우리 팀에 맞는 제도와 도구를 찾아보고 단순히 도입만 하는 것이 아니라 철저한 계획과 준비 그리고 지속적인 실행과 개선이 반드시 따라야 할 것입니다.

행복한 상상으로 행복한 미래 만들기

헬렌 켈러는 "맹인으로 태어난 것보다 더 불행한 사람은 시력은 있으되 비전이 없는 사람이다"라고 말했습니다. 사람들은 10대, 20대도 아닌데 무슨 비전이냐고 말합니다. 사람들의 수명은 많이 늘었습니다. 인구조사를 처음 실시한 1970년도 평균 수명은 남자 58.6세, 여자 65.5세로 60세 전후 였습니다. 현역 은퇴 후 10년 전후로 세상을 떠났습니다. 40년 후 2010년 평균 수명은 남자 77.2세, 여자 84세입니다. 부모님 세대에 비해 현 세대의 평균 수명은 20세가 늘어난 셈입니다. 기대 수명으로 따지면 현재 40세인 사람들은 반 가까이가 100세를 살게 됩니다. 살아온 날보다 더 긴 50~60년을 더 살아야 하는데 미래에 대한 기대감 없이 산다는 것은 끔찍한 일이 될 것입니다. 어느 저명한 교수는 60세 은퇴 후 여생을 편히 쉬기로 했습니다. 그런데 75세 되는 날 이런 말을 했습니다. "내가 이 나이까지 이렇게 건강하게 살 줄 알았다면, 60세에 인생 계획을 그렇게 세우지 않았을 것이다." 라고요. 우리는 지금 해야 할 일과 목표를 위해 열심히 살고 있습니다. 그런데 앞으로 다가올 80세, 90세에 너무나 건강한데 이를 위한 아무런 계획과 준비도 없이 하루하루를 살게 된다면 참으로 안타까운 상황이 되는 것입니다.

그리스 신화에 꿈을 꾸고 결국에는 그 꿈을 이룬 사람의 이야기가 나옵니다. 조각가 피그말리온입니다. 그는 외모 콤플렉스가 있었고 여자들에게 무시당한다고 생각했습니다. 여자들에 대한 미움과 자괴감을 가지고 살던 중 예쁜 여자 조각상을 만듭니다. 처음에는 바라만 보다가 조각상에 옷을 입히고 목걸이, 귀걸이로 치장하고 나중에는 사랑까지 하게 됩니다. 사랑이 너무 깊어지자 미의 여신 아프로디테에게 조각상을 아내로 맞이하게 해달라고 간절히 빕니다. 여신은 정성에 감동해서 조각상을 사람으로 변신시켜 행복하게 살게 되었다는 이야기입니다. 간절한 기대감은 불가능한 일도 가능해질 수 있다는 꿈과 관련된 이야기입니다. 피그말리온에게 꿈이 없었다면 늘 외롭게 지내다가 절망 속에서 죽었을지도 모릅니다. 지금 시대를 사는 성인들에게 피그말리온의 간절한 기대감은 행복과 성공을 위해 필요합니다.

사람의 뇌는 독특한 특성을 가지고 있습니다. 좌뇌는 논리, 수리, 기억을, 우뇌는 감성, 창의, 상상과 같은 영역을 담당합니다. 지금은 우뇌의 시대라고 할 만큼 감성, 창의, 상상을 중요하게 생각합니다. 그런데 우뇌는 상상과 현실을 구분하지 못 하는 특성이 있습니다. 긍정적이고 좋은 상상을 하면 진짜로 될 것처럼 느껴지고 의욕과 열정을 일으키는 놀라운 힘이 있습니다. 즐겁고 행복한 상상은 무엇을 이루고 싶은지, 꿈을 이루기 위해 무엇이 필요한지 그리고 지금 무엇을 해야 하는지를 생각하게 해줍니다. 그래서 꿈은 실행력과도 관계가 깊습니다. 꿈꾸는 것은 개인의 자유의지입니다. 내가 만드는 것이고 남들이 욕을 하거나 평가하는 것도 아닙니다. 남의 눈치 볼 일도 더더욱 아닙니다. 내 미래를 내 마음대로 상상도 못 하면 내가 할 수 있는 과연 무엇일까요?

"내 나이가 이런데 무슨 비전이야, 그리고 만들기 어렵잖아"라고 말할 수 있습니다. 개인의 비전 만들기는 어렵지 않습니다. 제일 중요한 것은 상상하기입니다. 앞으로 5년, 10년, 20년, 30년 후를 상상해 보는 것입니다. '이게 말이 될까?, 가능할까?'라는 생각에 시간을 허비해서는 안됩니다. 비전의 본질은 기대감을 가지게 하는 상상입니다. 입 꼬리가 올라가도록 즐거운 상상을 하고 행복해서 죽을 것 같은 상상을 해보는 것입니다.

어른이 되면서 꿈을 잃어버리고 사는 사람들이 많아졌습니다. 분명한 사실은 '내가 상상하는 것 이상의 행복한 미래는 없다'는 것입니다. 내가 이룰 수 있는 최상의 미래는 내가 꿈꾸고 상상해 놓은 비전에 있습니다.

두려움 없는 팀 만들기

A팀장은 자신이 맡고 있는 팀이 어떤 상황에서도 일사불란한 모습을 지녔으면 하는 바람이 있습니다. 그런 모습이 되려면 팀장의 권위가 있어야 한다고 생각합니다. 동료인 B팀장을 보니 자기와 비교가 되는 것 같습니다. B팀장이 본인 자리에 팀원들을 불러 큰 소리로 야단을 칩니다. 또 팀원들을 수시로 불러 무언가를 지시하거나 지적하는 모습을 자주 보입니다. 아침에 출근하자마자 팀원들이 회의실에 들어가 1시간 이상 회의를 하기도 합니다. 퇴근 시간을 앞두고도 팀원들이 회의실에 불려 들어가 퇴근시간이 지날 때까지 회의를 하는 모습도 종종 목격 됩니다. 팀의 분위기가 상당히 엄격한 모습입니다. 팀원들이 팀장을 무서워한다는 이야기도 듣습니다. A팀장은 본인

의 팀 분위기와는 여러 면에서 확실히 다름을 느낍니다. 남들에게 싫은 소리를 잘 못하는 특성도 있지만 정작 팀원들을 혼내본 일이 없습니다.

가끔 실수를 하거나 잘못하는 일이 있지만 따로 불러 개선점을 제시하면 팀원도 수긍하는 편입니다. 아침 출근 후 이른 시간이나 퇴근 시간이 임박해서는 사전에 정한 회의가 아니면 하지 않습니다. 팀이 정한 목표를 체크하고 어떻게 하면 목표를 달성할 수 있을지 생각하면서 담당 팀원에게 궁금한 사항을 묻고 보통은 이메일이나 메신저 등을 통해 확인하는 편입니다. 오히려 팀원들끼리 회의하고 자발적으로 움직이는 편입니다. 일사분란하고 팀장의 지시를 철저하게 잘 따르는 것 같은 B팀장이 가끔 부러울 때도 있지만 내 스타일은 아닌 것 같습니다.

"성공할 수 있는 좋은 방법이 있는데, 실패할 가능성이 높은 방법을 택하는 이유가 뭘까요?"

당신은 이런 고민 없었나요? "우리 팀원들이 성공할 수 있는 좋은 방법이 있는데 실패할 가능성이 높은 어려운 방법을 택하는 이유는 무엇일까?"라고요. 분명 원하는 기대사항을 이야기하고 구체적인 방법까지 알려줬는데도 굳이 다른 방법으로 일을 하는 경우가 있습니다. 그 다른 방법이라는 것이 성과가 나는 새로운 방법이면 모르겠지만 그것과는 상관없이 그냥 자신만의 방식으로 해가지고 오는 것입니다. 시킨 일도 제대로 못한다는 생각이 종종 드는 거죠.

이런 상황이다 보니 난이도가 있는 업무의 경우, 충분히 해낼 수 있음에도 지레 불가능하다고 말하면서 시도조차 하지 않는 팀원들을 보면 답답하기만 합니다.

팀장이 팀원들에게 목표를 세우라고 지시를 했습니다. 팀장은 전반적인 팀 여건도 좋고 유능한 팀원들이 있으니 과감한 목표를 세우고 멋진 성취를 이뤄보고 싶었습니다. 그런데 팀원들은 아주 소극적인 목표를 가지고 옵니다. 답답합니다. 왜 이럴까요? 앞 장에서도 살펴보았듯이 높은 목표를 세웠다가 실패하느니 낮은 목표를 세워 달성하고 싶다는 것이지요. 회사는 도전적인 목표를 세우라고 요구하는데 팀원들은 보수적인 목표를 가져오니 팀장 입장에서는 난감합니다. 이유는 분명 있습니다. 바로 학습효과입니다. 그간 경험을 보면 실패시 팀장에게 엄청 깨졌거든요.

변화와 도약을 추구하는 조직은 도전을 요구합니다. 도전을 하려면 실패를 두려워하지 말아야 합니다. '실패를 두려워하지 않는 도전정신' 대다수의 조직들이 내걸고 있는 캐치프레이즈 또는 핵심가치입니다. 하지만 도전정신이 충만한 그런 조직은 현실적으로 드문 것이 현실이죠. 도전정신은 좋은 말이지만 실패를 하면 가차 없이 질책을 받고 경위서를 쓰고 고과는 나빠지고 결국 승진도 못 합니다. 실패를 하더라도 용인하고 격려하는 문화가 만들어지지 않으면 도전은 애초부터 불가능합니다. 실패를 용인하라는 말은 의미 자체는 참 좋은데 무조건 적용하기는 어렵습니다. 실패도 실패 나름입니다. 일상적인 업무에서의 부주의, 불성실, 고의적인 실패를 용서해서는 안 되겠죠. 처음 해보는 일이나 새로운 기회를 만드는 일은 누구에게나 어렵기 때문에 조직에 도움이 되는 경우에 한해 용인되는 일을 '실패'라고 정의해야 합니다. 단, 실패를 장려한답시고 실패해도 용인되는 일을 리스트로 나열하면 오히려 불안감을 야기 시키게 됩니다. 부주의, 불성실, 고의 등 용인되지 않는 실패 리스트를 정하고 나머지는 허용하는 것이 옳은 방법입니다.

사례를 한번 살펴보겠습니다. 우리나라 사람들은 축구를 참 좋아하죠. 축구의 페널티킥에 대한 연구에서 답을 찾아보겠습니다. 세계적인 공격수로 자리매김한 손흥민 선수가 A매치 경기에서 연거푸 페널티킥을 실축 한 일이 있었습니다. 그래서인지 천하의 손흥민 선수도 페널티킥을 찰 때면 보는 사람을 불안하게 만들었습니다. 페널티킥은 공을 넣어야 하는 키커나 공을 막아야 하는 키퍼 모두에게 엄청난 부담감을 줍니다. 공을 넣거나 공을 막는 것이 기업으로 치면 성과를 내는 것입니다. 그런데 신기한 것은 어떻게 하면 상대로부터 페널티킥을 성공시키거나 막을 수 있는지에 대한 명확한 데이터가 있음에도 선수들은 통계와 무관하게 움직인다는 것이죠. 성과가 나는 방식이 있는데 성과가 나지 않는 방식으로 대응하는 것입니다.

페널티킥은 골문 중앙 11미터 지점에서 가로 7.32미터, 높이 2.44미터 17.86평방미터 안에 넣거나 막아내는 것입니다. 키커가 찬 공이 골문에 도달하는데 0.4초, 키퍼가 동시에 반응하는 속도가 0.6초라 키퍼가 막는 확률보다 골이 들어가는 확률이 높습니다.

키커 입장에서 골을 넣는 경우입니다. 미하일 바렐리(Michael Bareli)라는 심리학자가 286개의 페널티킥을 분석한 결과, 좌우 골포스트 상단 구석으로 찬 공은 100% 들어갔습니다. 키퍼가 막을 수 없는 곳입니다. 그런데 이곳으로 공을 찬 키커는 13%에 불과했습니다. 가장 많은 골은 키퍼가 막기 쉬운 바닥 쪽으로 들어왔습니다. 왜 키커는 100% 성공할 수 있는 곳으로 차지 않은 것일까요? 이유를 알겠죠. 실축에 대한 부담감 때문입니다. "밥만 먹고 공만 찬 선수가 엉뚱한 곳에 공을 차냐."는 비난을 들으니 차라리 키퍼의 선방에 막혔다는 비난이 덜 부담스럽기 때문입니다. 오죽하면 2018년 러시아 월드컵에서 메시도 키퍼에게 잡히는 페널티킥 실축을 했을까요?

골키퍼 입장에서 골을 막는 경우입니다. FIFA에서 공식 경기의 페널티킥을 분석했습니다. 키커가 공을 찬 방향을 삼등분하여 빈도를 측정했습니다. 어디로 많이 찰까요? 골키퍼가 있는 중앙이 적고 좌, 우가 많을 것이라고 생각할 수 있지만, 데이터는 좌, 우, 중간의 비율이 3분의1씩 균등했습니다. 골키퍼가 중앙에 가만히 서서 중앙으로 오는 공을 막아내면 선방 확률이 33%가 됩니다. 이스라엘의 심리학자들이 311개의 페널티킥에 대한 골키퍼의 반응을 분석했습니다. 무려 94%의 골키퍼가 공이 오기도 전에 오른쪽 또는 왼쪽으로 다이빙을 했습니다. 왜 골키퍼는 3개 중 1개를 막을 수 있는 선택을 하지 않는 것일까요? 33%의 높은 확률을 위해 중앙에서 가만히 있으면 "왜 골키퍼가 점프를 안 하지? 너무 무성의한 것 아니야?"라는 비난을 듣게 되죠. 차라리 몸을 좌우 어느 쪽으로라도 날린다면 키커가 잘 찼기 때문이라고 사람들이 인식하기에 그나마 비난이 덜 부담스럽다는 것이죠.

비슷한 예로 주식 시장에서도 이런 상황이 발생한다는 것인데요. 일련의 경제학자들의 분석에 따르면 주식을 그냥 들고 있는 게 가장 이득인데, 괜히 불안해서 이 주식 저 주식을 사고 팔다가 결국 손해를 본다고 합니다. 실제로 주식거래가 빈번할수록 수익률이 내려가는 경향이 있다고 합니다.

심리학에서는 이를 '행동편향(action bias)'으로 설명합니다. 사람들은 긴장되거나 부담이 되는 순간에 심리적 안정을 추구하는 쪽으로 반응한다는 것입니다. 이러한 행동편향으로 인해 사람들은 의외의 비합리적 선택을 택한다는 것이죠. 결국 성과에 대한 부담감이 있는 상태에서 새로운 것을 시도해서 욕을 먹으니 어차피 욕을 먹을 텐데 그나마 덜 부담스러운 쪽을 선택한다는 것입니다. 사실 이러한 분위기가 만연된 조직이라면 조직문화 차원의 대대적인 변화가 필요할 것입니다.

기업이 지속적인 발전을 하려면 구성원들이 성과를 내기 위해 끊임없이 개선하고 혁신하는 시도가 필요합니다. 그런데 구성원들은 변화보다는 기존에 하던 방식을 고수하는 경향이 있습니다. 두려움 없는 조직을 만드는 것은 도전하는 팀을 만드는 필수요소입니다. 그렇다면 팀장들은 실패에 대해 어떤 생각을 가지고 있을까요?

팀원들은 팀장이 실패를 용인하겠다고 말하는 것에 어떤 입장을 가지고 있을까요? 팀장이 용인할 수 있는 실패는 무엇이고, 용인하지 못하는 실패는 무엇일까요? 우리 팀을 두려움 없는 조직으로 만들고 싶다면 이 부분부터 점검해 보기 바랍니다.

두 번째. 답변을 부탁해!
"팀원들의 이야기를 많이 들어주고 민주적으로 운영하면 리더십에 문제가 생기지 않을까요?"

"팀원들의 이야기를 많이 들어주고 민주적으로 운영하면 조직의 기강이 약해지고 리더십에 문제가 생기지 않을까?" 기업 교육 현장에서 이러한 고민을 하는 팀장들을 의외로 많이 만납니다. 조직 기강이 약하고 리더십의 수준 또한 높지 않다면 문제가 있는 팀이 맞습니다. 그런데 앞에 '민주적으로 운영하면' 이

라는 조건이 달려 있는데요. 당신은 이 조건과 리더십의 상관
관계에 대해 어떻게 생각합니까?

　모든 조직의 팀은 고유의 분위기가 있습니다. 어느 회사에서
시차출근제를 결정하고 구성원들에게 오전 8시부터 10시까지
30분 단위로 각자 시간을 정해 출근하는 것으로 결정했습니다.
A팀은 거의 전원이 오전 10시에 출근하게 되었습니다. 팀 분
위기는 꽤 훈훈했어요. 그런데 B팀은 오전 10시 출근이 단 한
명도 없었습니다. 팀장이 오전 9시 팀 미팅 시간을 잡았거든요.
B팀장은 강한 캐릭터를 가진 사람으로 소문이 자자했습니다.
팀원들이 말을 못해서 그렇지 내심 불만이 많았습니다. B팀은
옆에서 보면 일사불란하고 성과도 좋은 편이었습니다. 그런데
팀원들의 이직이 많은 편입니다. 두 팀 중 어떤 팀이 바람직한
지는 깊이 있는 고민이 필요하다 하겠습니다.

　어떤 팀이 최강, 최고의 팀인가는 다양한 상황과 조건을 분
석해야 합니다. 단기적인 실적만으로 분석하는 것은 아무래도
무리가 있겠죠. 장기적인 성과까지 판단을 해야 합니다. 팀장
의 리더십 스타일만 보는 것도 분석하기에 부족합니다. 팀원도
충분한 변수가 됩니다. 국내에서는 최고의 팀을 제대로 분석한
사례가 별로 없습니다. 그래서 글로벌로 시야를 넓혀 사례를

공유하고자 합니다. 세계 최고의 기업은 어디인가요? 그 중에는 단연 구글이 단골 손님으로 들어갈 것 같은데요. 구글은 세계 최고 기업답게 세계 최고의 인재를 뽑는 것으로 정평이 나 있습니다.

직원 채용도 서류, 면접 정도가 아니고 수차례에 걸친 면담과 정밀한 분석을 통해 지식, 기술, 태도 등 그 사람의 역량을 완벽하게 파악하여 구글에 맞는 최고의 인재인지를 검증합니다. 이런 구글에서 최고의 팀을 무려 4년 동안 체계적으로 분석한 사례가 있습니다. 2012년부터 2015년 여름까지 4년 동안 아리스토텔레스의 명언인 '전체는 부분의 합보다 크다'는 모토를 내걸고 '최고의 성과를 내는 팀'의 특성을 분석했습니다. 프로젝트 이름은 '아리스토텔레스 프로젝트'(Project Aristotle)였습니다. 총 180여 개 팀의 특성을 분석했다고 합니다.

세계 최강 조직인 구글에서 최고의 성과를 내는 팀의 특성은 무엇일까요? 프로젝트에서 5개의 성공요인을 밝혀냈습니다. 현재 전 세계 구글은 이 요소를 적용하고 있습니다. 팀장의 역량일까요? 아니면 팀원들의 역량일까요? 글쎄요. 구글이라면 팀장이나 팀원의 역량은 최고 수준이겠죠. 결론은 '마음 편히 일할 수 있는 분위기'였어요. 가장 중요한 성공요인은 '심리적 안전감'(Psychological Safety)이었습니다. 심리적 안전감은 "구성원 상호간에 서로 상처받지 않고 자유롭게 말하고 행동할 수 있느냐, 그래서 두려움 없이 기꺼이 위험을 감수할 수 있느냐"였습니다. 좀 더 부연하면 '어떤 말을 했을 때 비난 받거나 무시당하지 않는 것'입니다. 또한 이러한 심리적 안전감을 기반으로 나머지 4가지의 성공요인을 도출했습니다.

- **신뢰성(Dependability):** "일을 믿고 맡길 수 있는가"
- **조직 구조와 투명성(Structure & Clarity):** "구성원 각자의 역할과 계획, 목표가 분명 한가"
- **일의 의미 (Meaning):** "구성원 각자가 하고 있는 일이 자신뿐만 아니라 다른 팀원들에게 얼마나 중요한지 알고 있는가"
- **일의 영향력(Impact):** "내가 하는 일이 회사와 사회에 어떤 영향을 주고 어떤 변화를 가져오는지 알고 있는가"

위에서 언급했던 성공요인들을 생각해 보면 당연하지만 생각보다 현실에서 구현해 내기는 쉽지 않습니다. 특히 심리적 안전감을 생각해 볼 때, 조직과 동료를 위한 좋은 의도를 가지고 있으면 무슨 말을 해도 된다는 것인데, 이에 대해 무시당하거나 욕을 먹거나 질책 받지 않는 분위기를 만드는 것은 정말 어렵습니다. 그러나 구현만 된다면 현재 조직의 상태를 개선하는데 상당히 도움을 주며 미래에 새로운 것을 만들어 가는데도 효과가 있을 것입니다.

5가지 성공 요소를 팀에 구현하기 위해서는 당연히 팀장의 역할이 중요합니다. 예를 들면 성격적으로 다혈질이거나 포악한 팀장은 '심리적 안전감' 확보에 큰 영향을 미칠 수 있겠죠. 팀장이 모든 답을 알고 있다고 생각하는 '지적 거만' 상태 역시 위험합니다. "다 해봤어. 모르는 소리 하지마" 이런 태도는 말문을 막히게 하고 심리적 안전감을 떨어뜨리겠죠. 팀원들이 많은 토론을 하더라도 팀장이 한 번에 뒤집어 버리면 어떤 개선 의견이나 아이디어를 내지 않을 것입니다. 또 자신의 약점과 실수를 인정하지 않으려는 태도도 신뢰를 쌓는데 있어 도움 되지 않습니다. 시키는 대로 일하는 팀을 만들 뿐입니다. 단기 실적은 내겠지만 조직에 도움이 되는 큰 성과는 창출하기 어려울 것입니다.

구글은 아리스토텔레스 프로젝트 결과를 바탕으로 리더의 행동원칙을 체크리스트로 만들었습니다.

❶ 리더는 팀원의 말을 도중에 끊지 말아야 한다.

❷ 리더는 팀원이 발언을 끝내면 그 내용을 요약함으로써 귀담아듣고 있다는 사실을 입증해 보여야 한다.

③ 리더는 모르는 것을 모른다고 흔쾌히 인정해야 한다.

④ 리더는 회의에서 모든 팀원에게 적어도 한 번 이상의 발언 기회를 주어야 한다.

⑤ 리더는 곤경에 빠진 팀원에게 좌절감을 털어놓도록 독려하고, 팀원들에게는 개인적인 비판을 삼가도록 유도해야 한다.

⑥ 리더는 팀 내의 갈등을 공개적인 토론을 통해 해소해야 한다.

간단한 문항인 만큼 한 번 체크해 보기 바랍니다. 당신은 6가지 체크리스트 중 몇 개를 실천하고 있습니까? 구글의 팀장은 6가지를 모두 실천하지 않으면 팀장의 자격이 없다고 판단합니다. 간단한 내용이지만 한번 실천해 보면 엄청난 변화가 일어날 것입니다. 우리 현실에 맞지 않는다는 생각은 결국 아무 것도 안 하는 것과 같습니다. 변화가 일어나기 위해서는 실행부터 시작되어야 한다는 점을 명심하십시오.

미션이나 비전을 회사 차원에만 존재하는 것으로
국한할 필요는 없습니다. 회사의 미션이나 비전을 단위 조직으로서
어떻게 연계하여 구현할 것인가를 구체화할 필요가 있습니다.
회사 차원의 미션이나 비전이 다소 추상적으로 다가온다면
단위 조 직의 미션, 비전 등은 더욱더 구체화되어서
실천지향적으로 다가올 것입니다. 그리고 이러한 활동들은
팀의 일체감과 소속감에도 도움이 될 것입니다.

리더 갑질의 문제점

성질 나쁜 리더의 소위 '갑질'이라고 부르는 행위를 사회문화적 관점이 아닌 기업의 생산성 측면으로 접근해 보고자 합니다. 한 취업포탈 사이트의 조사에 의하면, 갑질을 당한 직원들의 경우 회사에 대한 불만 증가, 업무의욕 상실, 퇴사 생각, 애사심이 떨어짐을 겪었다는 비율이 70% 이상이었습니다. 이어 업무집중력이 떨어지고 상사에 대한 불신이 생겼다는 답변 또한 50% 수준이었습니다. 성질 나쁜 리더의 갑질 피해를 당한 직원은 업무몰입이 떨어지고 그로 인해 기업의 업무 생산성을 떨어뜨립니다.

19세기 초 영국 방직노동자들이 '러다이트(Luddite, Ludd의 ite 추종자라는 뜻)'라는 기계파괴 행위를 벌였습니다. 영국 직물공업지대에서 1811년부터 1817년까지 제너럴 러드(General Ludd)라는 사람의 주도하에 산업혁명에 의한 자본주의 시장경제에서 고용불안을 느낀 노동자들이 기계를 파괴했습니다. 당시에는 방직기계 한 대가 들어오면 1천명이 일자리를 잃을 것이라는 소문이 퍼졌다고 합니다. 러다이트는 지금 시각으로 보면 노동자의 권익옹호활동이었으며 어찌 보면 최초의 노동운동이라고 할 수 있습니다. 하지만 러다이트는 회사의 자산인 기계를 파괴한 범법 행위로 정부의 탄압을 받았습니다. 1812년 러다이트를 주도한 열네 명의 노동자가 교수형에 처해질 만큼 생산설비를 파괴한 행위에 대한 처벌은 가혹했습니다.

폭언, 욕설, 무시, 인격비하 그리고 정신적, 육체적 폭력은 성질 나쁜 포악한 리더가 하는 직원파괴행위입니다. 성질 나쁜 리더들은 소위 생산성 향상을 이유로 자신의 행동을 정당화하고 인사권을 무기로 거리낌 없이 나쁜 행동을 합니다. 이는 사람의 성격과 가치관의 차이로 치부할 문제가 아닙니다. 지금과 같은 저성장 시대에 생산성을 높여 경쟁력을 갖춰야 하는 기업에서 용인할 수 있는 문제가 아닙니다. 산업혁명 시대에는 기계가 사람보다 더 중요했으니 교수형을 당한 것입니다. 지금 4차 산업혁명 시대에 가장 중요한 자산인 인적자원을 괴롭혀 생산성을 떨어뜨리는 행위는 심하게 표현하면 지금 시대의 교수형 감이라고 하겠습니다. 리더의 갑질은 현대판 러다이트 운동을 불러일으킬 수도 있습니다.

많은 회사에서 상시적으로 사내 시스템이나 의견함을 통해 무기명 신고를 받고 있는데 이는 한계가 있습니다. 산발적으로 접수되는 것은 영향력도 없고 관리도 어렵습니다. 정기적으로 전 직원을 대상으로 매월, 격월, 분기 단위로 일괄 무기명 조사 같은 것이 그나마 좋은 방법입니다. 접수된 내용에 대해서는 철저한 신변보호는 물론 처리 프로세스가 잘 정해져 해결까지 이어져야 합니다.

그리고 리더 대상의 교육에서 리더 갑질의 문제점과 이에 대한 생산성 이슈를 주요내용으로 다루어 인식 시키는 것도 필요할 것입니다. 리더의 갑질을 생산성의 문제로 접근해야 현대판 러다이트 같은 상황을 만들지 않을 수 있습니다.

실행력이 강한 팀 만들기

2020년 코로나19가 팬데믹(pandemic) 상황으로 세계적 대유행이 되자 우리나라도 사회적 거리두기를 시행하는 등 기업 환경 또한 많은 변화가 일어났습니다. 많은 기업들이 앞 다투어 재택근무, 화상회의, 화상강의를 시행하는 등 기존과는 다른 새로운 상황에 직면하게 됐습니다. 특히 업무 현장에서 대면을 통해 업무미팅과 지시를 받아 업무를 수행하는데 익숙했던 직원들은 변화된 환경에 대응하느라 애를 먹기도 합니다. 신속하게 화상회의를 도입하고 비대면 상황에서의 업무 지시, 공유를 하면서도 실행력을 확보한 조직도 있지만 제대로 대응하지 못하고 우왕좌왕하며 시간을 보내다보니 결국 생산성이 떨어진 조직도 있었습니다. 그런데 어느덧 이러한 변화들이 단시간 내에 익숙한 현실로 바뀌어 가고 있는 실정입니다.

코로나 상황이 진정 국면에 들어서 포스트 코로나 시기가 찾아오겠지만 기존의 시대로의 회귀가 아닌 뉴노멀(New Nomal, 새 기준)의 시대가 될 것으로 보입니다. 많은 기업들이 이러한 변화들에 맞춰 변화를 시도하고 있는 상황입니다. 절대로 불가능할 것이라 생각했던 많은 일들이 일어나면서 일하는 방식에 있어서도 변화를 요구하는 상황이 되었습니다. 예를 들어 불필요한 일인데 관행적으로 했던 일, 디지털 트랜스포메이션을 통해 사람이 하지 않아도 되는 일, 사람이 꼭 해야 하는 일 등 일에 대해서도 생산성 측면에서 다시금 바라볼 수 있는 계기가 되고 있습니다. 일하는 방식의 변화는 기존처럼 단선적인 고민이 아닌 생산성 측면에서 입체적으로 바라봐야 할 것입니다. 이렇게 다양하게 고민하는 이유는 단 한 가지입니다. 변화에 대응하고 결국 살아남기 위함인 것입니다.

첫 번째, 답변을 부탁해!
"앞으로 우리에게 닥쳐 올 세상의 변화는 어떤 것일까요?"

변화해야 한다는 사실을 모르는 사람은 거의 없습니다. 조직에서도 항상 변화의 중요성을 강조합니다. 하지만 생각해보면 내가 지금 하는 일은 작년에도 그리고 10년 전에도 했던 일입니다. 그러나 같은 일을 했다 하더라도 그 동안의 변화라는 것이 전혀 없었을까요? 분명 크던 작던 변화가 있었고 이에 대한 적응을 하며 살아왔을 것입니다. 어찌 보면 변화를 강조하는 것은 조직에 긴장감을 주고 개인에게는 업무에 몰입하여 성과를 내기 위한 것으로 느껴집니다. 그리고 기업환경을 둘러싼 많은 부분들이 기존과는 다른 빠른 변화의 속도를 보이고 있습니다. 그렇다면 우리는 세상의 어떤 변화를 읽고, 또 어떻게 업무 환경에 적용해야 할까요?

앞에서 언급한 바와 같이 2020년 신종 코로나 바이러스의 확산은 전 세계에 엄청난 충격을 주었습니다. 학생들은 학교에 갈 수 없는 상황이 지속되자 온라인 수업을 듣게 되었고, 교회에서는 예배를 온라인으로 진행하기도 했습니다. 기업 현장에서는 단기간 내에는 실행이 불가능할 것으로 보였던 재택근무와 화상회의까지 하는 상황이 되었습니다. 산업 전반으로 보면 국내 중심의 비즈니스를 하는 자영업과 중소기업이 큰 타격을 입었고 글로벌 비즈니스를 하는 회사들도 미국, 유럽 등 선진국을 포함한 다른 나라의 상황과 얽혀 큰 위기에 직면하게 되었습니다. 앞으로도 새로운 바이러스의 출현이 이전보다 빠른 주기로 전 세계를 공포에 몰아넣을 수 있다는 예측을 합니다. 인류에 있어서 참으로 힘든 시기들이 지속화되는 것 같습니다. 그렇다면 바이러스 외의 다른 위기는 없을까요? 마이크로소프트 창업자인 빌 게이츠는 인류가 겪을 최대 위협 3가지에 대해 제시했습니다. 기후변화, 핵전쟁, 바이러스 팬데믹이었습니다. 팬데믹은 코로나19로 이미 확인을 했고 기후변화 역시 눈앞에 다가온 위기로 보입니다. 지구 온난화, 미세먼지, 환경오염 등 충분히 예측할 수 있는 임박한 위험요소입니다. 핵전쟁은 생각하기조차 싫은 일로 인류의 지혜를 모아 일어나지 않았으면 합니다.

어떤 위기가 오더라도 사람들의 의식주 문제는 해결되어야 하고 기업은 성과를 위해 움직여야 합니다. 기업이 움직이기 위해서는 어떤 상황에서든 팀장은 팀을 이끌어야 하는 것이죠. 위기상황이 가져오는 변화에 대응하지 못하면 앞날은 어둡기만 할 것입니다.

비즈니스에 있어서도 많은 변화들을 체감할 수 있는데요. 이와 관련하여 가벼운 문제를 드려 보겠습니다.

이 세상에 있는 호텔 체인 가운데 기업 가치가 가장 큰 기업은 어디일까요? 힐튼, 하얏트, 메리어트 같은 세계적인 호텔 체인이 떠오르실 수도 있겠네요. 그런데 결론은 호텔 건물도, 호텔리어도 없이 오직 인터넷과 모바일에서 숙박을 공유하는 에어비앤비(Airbnb)입니다. 숙박 공유라고 해서 개인이 가진 주택만을 공유하는 것이 아니라 세계적인 관광 휴양지에 있는 호텔이나 리조트 역시도 저렴한 가격에 이용할 수 있습니다. 에어비앤비의 비즈니스 모델이 지금 시대에 매우 가치 있을 수 있지만 이것이 끝은 아닐 것입니다. 언제든 새로운 비즈니스는 탄생할 수 있습니다.

두 번째 질문입니다. 자동차 업계에서 가장 영향력이 큰 기업은 어디일까요? 세계적인 자동차 회사인 1위 독일의 폭스바겐, 2위 일본의 도요타, 3위 미국의 GM 일까요? 아니면 전기차로 엄청난 각광을 받고 있는 앨론 머스크의 테슬라일까요? 게임 체인저인 테슬라는 열외로 놓고 보면 아쉽게도 위의 회사들은 답이 아닙니다. 예상하듯이 자동차 공유 서비스인 우버입니다. 우리나라에도 비슷한 예가 있는데요. 음식점 하나 가지고 있지 않은 배달의 민족이 배달주문 서비스로 음식 관련 시장을 거의 장악하고, 기업가치는 4조 7천억 원으로 독일 회사에 매각되기도 했습니다. 전통적인 유통업의 강자인 신세계, 롯데, 현대백화점 등이 앞다투어 온라인 비즈니스를 강화하고 오프라인 매장을 정리해 나가고 있는 것도 이와 비슷한 맥락입니다.

일본에서는 변호사 대신 인공지능(AI)을 활용하여 매달 수수료 1만원으로 기업을 위한 계약서 작성을 담당하는 서비스가 등장했습니다. 일본 정보기술(IT) 스타트업 리그시가 개발한 계약서 작성 IT서비스 '홈즈'인데요. 리그시가 개발한 홈즈는 인간 변호사에게 의뢰할 경우 수만엔(수십만원)이 들 계약서 작성 업무를 월 980엔(약 9,400원)의 고정 요금만 내면 클라우드에서 AI의 도움을 받아 진행할 수 있도록 하는 서비스입니다. 매매거래, 업무의 수·발주 등 다양한 업무 관련 문서를 작성할 수 있으며, AI가 300가지 문건 가운데 최적의 모형을 골라 제공하는 것으로 알려져 있습니다.

최근에 미국은 물론, 국내 로펌에서도 인공지능 변호사를 고용하여 소송 실무에 활용하고 있는 상황입니다. AI, 빅데이터 등 디지털 트랜스포메이션은 엄청난 속도를 가지고 우리 주변에 이미 다가와 있습니다. 디지털 트랜스포메이션이 너무 과장된 것이 아니냐는 목소리도 있었지만 어느덧 이러한 변화의 시대가 되어버린 것이죠. 환경과 기술의 변화에 어떻게 능동적으로 대응할 것인가는 기업의 고민이기도 하지만 현장에서 조직을 이끄는 팀장의 고민이기도 하죠. 찰스 다윈이 '종의 기원'이라는 책에서 언급한 내용입니다. '강하거나 똑똑한 종이 살아남는 것이 아니라 변화에 가장 적응을 잘 하는 종이 살아남는다' 살아남기 위해서는 기업이나 개인이 변화해야 하는 이유입니다.

두 번째. 답변을 부탁해!
"어떻게 민첩하고 실행력이 높은 팀을 만들 수 있을까요?"

조직에서 우리는 신속한 의사결정과 빠른 실행력이 필요하다는 말을 자주 듣습니다. 하지만 의사결정을 빨리 내리고 싶어도 선부른 의사결정으로 실패할 가능성에 대한 두려움이 있습니다. 빠른 의사결정을 해도 직원들의 실행력이 따라주지 않아 최초의 의도가 반감되기도 하고요. 그렇다면 "민첩하고 실행력이 높은 팀을 어떻게 만들 수 있을까요?"

앞 장에서 소개한 바와 같이 매일 아침 10~15분 정도의 스탠딩 회의를 추천합니다. 그날 업무 목표와 계획을 공유하는 짧은 미팅입니다. 우리나라에서도 10여 년 전 눈에 보이는 경영의 일환으로 비주얼 플래닝이 유행했던 적이 있습니다. 아직까지 지속적으로 실행하고 있는 회사들도 있습니다. 1주일에 한번 하는 긴 회의로는 빠른 변화에 신속하게 대응하기 어렵습니다. 그렇다고 긴 회의가 필요 없다는 것은 아닙니다. 안건이 명확하고 시간을 필요로 하는 경우는 Deep dive한 회의를 통해 진행할 수 있을 것입니다. 문제가 되는 시도 때도 없이 하는 목표가 불분명한 회의를 지양하자는 것입니다.

아침의 스탠딩 미팅은 과거의 아침 점검 회의와 다릅니다. 팀장이 혼자서 듣고 판단해서 의사결정을 하거나 잘못된 것을 지적하는 자리가 아닙니다. 가장 중요한 것은 팀 목표와 팀원들의 업무 공유입니다. 동료들 간에도 누가 어떤 업무를 하는지 서로 파악하고, 팀장은 팀원들이 무엇을 하는지 또 무엇을 지원해야 하는지 파악하는 것입니다. 스크럼(scrum)이라고도 표현하는데, 간단하게 표현해서 업무 공유를 위한 짧은 미팅입니다.

최고의 기업 반열에 있는 넷플릭스는 자사의 문화기술서인 '넷플릭스 컬쳐 덱(Netflix Culture Deck)'에 전략적 우선순위 내에서 구성원들이 자유롭게 의사결정을 하고 행동하도록 기술했습니다. 이 문화기술서에는 회사 철학에 대한 주요 질의응답과 함께 효율성보다는 유연성을 더 중시하는 회사의 철학에 대한 설명, 규칙을 최소화하기 위한 지침 등이 적혀 있습니다. 넷플릭스는 큰 틀에서 구성원들이 지켜야 할 규칙을 정해놓은 후 그 틀 내에서는 구성원들에게 자율성을 줌으로써 조직의 유연성과 민첩성을 높이는 방법을 쓰는 것입니다. 넷플릭스는 회사의 철학을 100% 이해하면 아무리 자율성을 부여해도 회사의 이익에 반하는 행동은 하지 않을 것이라고 믿는 것입니다.

우리나라의 토스(Toss)도 넷플릭스의 기조와 많이 닮아 있습니다. 토스도 가장 강조하는 점이 재무적 성과 이전에 회사가 추구하는 가치입니다. 자유와 책임이라는 조직문화 프레임 안에서 가치 중심적인 행동을 강조합니다. 개인 성과평가가 토스에는 없습니다. 대신 조직 공동의 성과를 위한 협력 과정에서 회사 전체 목표달성을 강조하고, 이에 따른 공동의 인센티브를 준비합니다. 이는 업계의 혁신을 선도하고 공격적 성장, 가시적 성과를 이루고 있는 힘이라고 평가되고 있습니다.

최근 기업 경영의 새로운 트렌드로 애자일이 떠오고 있습니다. 제품과 비즈니스 모델을 혁신하고 디지털 트랜스포메이션의 환경에서 업무를 효과적으로 수행하기 위한 방법론으로 적합하기 때문입니다. 구성원 간의 활발한 커뮤니케이션과 상호협력, 수평적인 조직 구조, 자기 주도적인 팀 운영, 탐색적 실험과 실패를 용인하는 문화 등을 지향합니다. 애자일은 혁신을 위한 실천적인 방법론을 제공하면서 동시에 전통적인 관료주의 문화와의 결별을 의미하기도 합니다.

애자일은 당초 완벽하게 계획한 뒤 완성된 결과물을 내놓는 게 아니라, 프로젝트를 실행하면서 중간 중간 이해관계자의 요구를 반영하면서 끊임없이 프로토타입을 만들어 수정하는 소프트웨어 개발 방식입니다. IT분야 뿐 아니라 여러 분야의 기업 경영에 적용되어 최대한 빠르게 소비자 중심의 상품과 서비스를 개발하고 개선한다는 의미로도 쓰입니다. 어느 정도 수준에서 상품을 내고, 고객의 반응을 본 뒤 더 좋은 것으로 개선하려는 의도입니다. '피드백'과 '의사소통'이 주요 골자입니다.

애자일은 시중에 책자나 인터넷에 정보가 많이 있으므로 심화학습을 하시면 좋습니다. 여러 복잡한 설명들이 있겠지만 여기서는 간단하게 설명하겠습니다. 애자일(Agile) 은 '민첩한'이라는 뜻입니다. 지금 세상은 무서울 정도로 빠르게 바뀌고 있고 변화는 상상을 초월합니다. 세상은 우리가 예측하는 것보다 빠르게 변화하고 있어서 과거에 우리가 스피드라고 말하는 것이 오히려 느린 것이 되어 가고 있습니다. 그래서 예전처럼 긴 시간을 들여 완벽하게 한다는 것은 시간을 놓쳐 실패하여 다시 시도해볼 기회도 잃을 수 있다는 것을 의미합니다.

그런 방식이 이제 더 이상 먹히지 않는다는 것입니다. 성공한 TV프로그램 중에 〈복면가왕〉이 있습니다. 이것의 성공은 초기에 들어간 엄청난 투자와 계획이 아닙니다. 이 프로그램은 명절 특집 프로그램으로 만든 것입니다. 파일럿 프로그램이죠. 명절 때 무언가를 해야 되니까 그나마 부담 없이 한 거죠. 반응이 좋아서 후에 정규프로그램으로 편성된 겁니다. 큰 부담 없이 베팅을 하는 거죠. 이걸 '리틀벳(little bets)'이라고 합니다. 큰 부담 없을 때 해보는 것입니다.

작은 실패를 허용하고 더 나아가 권장하기 까지 하는 것입니다. 직원들에게 도전하라고 하는데 하지 못하는 이유는 "실패할까봐", "실패하면 큰 손해를 감수할까봐"입니다. 리스크가 있으니 도전을 못하는 거죠. 리틀벳은 리스크 없을 때 해보는 것입니다. 실패해도 리스크가 없기 때문에 거기서 교훈을 얻고 피드백을 얻습니다. 실행과 피드백을 통해 제대로 된 도전을 해보자는 것입니다. 중요한 것은 부담 없을 때입니다. 우리 팀의 일하는 방식도 그래야 한다는 것입니다. 앞으로 필요한 업무 방식인 것이죠. '실행-작은 실패-피드백-실행-작은 실패-피드백'을 부담 없을 때 반복하면서 중요한 시점에 제대로 된 성공을 하는 일하는 방식이 필요하다는 것입니다.

실패를 두려워하지 말라는 말은 실패를 해도 된다는 말이 아닙니다. 큰 실패로 이어지지 않는 작은 실패를 통해 성공하자는 말이라는 것을 제대로 인식해야 합니다.

The Smart

코로나 상황이 진정 국면에 들어서 포스트 코로나

시기가 찾아오겠지만 기존의 시대로의 회귀가 아닌

뉴노멀(New Normal, 새 기준)의 시대가 될 것입니다.

많은 기업들이 이러한 변화들에 맞춰 변화를

시도하고 있는 상황입니다. 불가능할 것이라 생각했던

많은 일들이 현실이 되고 있고 일하는 방식도

근본적인 변화, 일하는 방식 전환을

요구하는 상황이 되었습니다.

결정 장애 극복하기

독일의 젊은 저널리스트 올리버 예게스는 청년세대들의 행태를 분석해 '결정장애 세대(Generation Maybe)'라는 말을 만들었습니다. "우리는 방향을 잃었다. 결정을 내리고 싶지도 어떻게 내려야 하는지도 모르겠다. 우리는 주의력 결핍에 결단력 박약이다. 그런 우리에게 정치참여의 의미를 정확히 알고 있기를 기대하지 마라. 미래에 받을 연금 문제에 대해서도 나중에 한 푼도 받을 수 없다고 말하고, 받게 되더라도 우리가 부은 만큼은 분명 아니라고 이말 저말이 많은데, 정작 우리는 거기에 대해 별생각이 없다." 독일 작가 올리버 예거스가 미국 담배회사 말보로 광고 문구 'Don't be a Maybe'를 보고 착안해 칼럼에 기고하면서 사람들의 공감을 얻어 대중적인 용어가 되었습니다.

20-30세대에게 결정장애라는 말이 있다면, 40-50세대에게는 햄릿 증후군이라는 말이 있습니다. 영국의 대문호 윌리엄 셰익스피어가 희곡 〈햄릿〉에 쓴 유명한 말입니다. "죽느냐 사느냐 그것이 문제로다" 햄릿 증후군은 이것을 선택하면 다른 문제가 생기다 보니 이도저도 결정을 못하고 미루는 현상을 말합니다. 40-50세대의 결정장애는 이도저도 모르겠다는 'Maybe(메이비)'가 아닙니다. 그것이 너무나 중요하여 섣불리 결정을 못 하겠다는 의미입니다. 결정을 못하고 미루다가 문제가 생기고 타인이 결정하게 만들기도 합니다. 문제는 중요한 결정을 해야 할 일이 자주 발생하고 그 결과에 대한 책임은 오로지 자신이 져야 한다는 것입니다. 프랑스의 대사상가 장 폴 사르트르는 "인생이란 탄생(Birth)과 죽음(Death) 사이의 선택(Choice)이다"라는 유명한 말을 했습니다. 40-50세대는 가족, 건강, 일, 성장, 돈, 신념, 즐거움, 친구 등 인생에서 중요한 일에 대해 끊임없는 선택을 했고 그 결과에 책임을 지며 살아왔습니다. 40-50세대는 결정장애를 극복하려면 무엇이 필요할까요? 빨리 결정하는 게 중요한 게 아니라, 올바른 결정을 하는 게 중요하다는 것이 전제입니다.

① 인생의 목적과 목표에서 벗어나지 마라

40-50세대라면 인생의 목적과 목표가 있을 것입니다. 가족의 행복, 즐거운 삶, 건강, 자유, 경제적 안정, 정서적 안정 등과 같은 목적과 목표가 있습니다. 오랜 기간 형성된 가치관을 벗어나 결정을 하는 것은 올바르지 않습니다. 물론 목적과 목표를 제대로 세우지 못하고 있을 수도 있습니다. 문제는 이게 없으면 좌충우돌 하게 된다는 사실입니다. 매번 결정이 틀리고 수시로 잘못된 결정을 내리고 결과에 책임을 져야 한다면 너무 힘들지 않을까요?

② 인생의 원칙과 기준을 벗어나지 마라

인생의 원칙이란 해야 할 것과 하지 말아야 할 것을 말합니다. 원칙이 없으면 타인에게 신뢰를 얻을 수 없습니다. 정직, 신뢰, 소통, 열정, 도전 등과 같은 원칙을 벗어난 결정은 문제를 일으키는 법입니다. 원칙만 강조하는 것으로는 부족합니다. 기준이 명확해야 합니다.

③ 우선순위에 따라 결정하라

우선순위란 중요성과 긴급성에 의해 결정됩니다. 긴급하고 중요한 일은 우선순위가 높은 일로 신중하게 잘 처리해야 합니다. 신중해야 함은 물론 타이밍을 놓쳐서도 안됩니다. 긴급하지는 않지만 중요한 일은 투자 영역입니다. 미래의 행복과 성공을 위한 경쟁력을 쌓는 영역입니다. 긴급하지만 중요하지 않은 일은 시간에 맞춰서 해야 하지만 인생의 장애물과 같은 일입니다. 긴급하지도 않고 중요하지도 않은 일은 최소화해야 하는 일입니다. 그런데 많은 시간을 투여하고 잦은 결정을 해야 한다면 인생의 목적과 목표에서 점점 멀어지게 됩니다.

④ 변화에 대해 민감하라

시대변화가 너무 빠르고 새로운 지식과 기술이 계속 쏟아져 나오다 보니 40-50세대는 20-30세대보다 변화 적응력이 떨어질 수 있습니다. 하지만 해보지도 않고 쉽게 포기해서는 안됩니다. 실수나 실패를 두려워해 아무 것도 하지 않는 것이 가장 위험합니다. '애자일' 하기 위해서는 스스로에게 실수나 실패를 용인하고 빠르게 회복하는 힘이 필요합니다.

리더를 위한 TIP

추운 겨울, 사자를 바위에 올라가게 하는 방법

추운 겨울 동물원 사파리에 있는 사자 무리들이 동물원 구석에서 추위에 오들오들 떨고 있다. 따뜻한 아프리카 초원에 살던 놈들이라 추운 겨울이 힘겹다. 동물원에 온 어린 아이들은 사자들이 커다란 바위 위에 올라 포효하는 모습을 보고 싶었는데 실망이 이만저만 아니다. "어떻게 해야 사자들이 바위 위에 올라가 어린 아이들을 행복하게 할 수 있을까?" 사육사의 고민이다. 여러 가지 방법을 써봤지만 뜻대로 되지 않는다. 그러던 어느 날 사자들이 커다란 바위 위에 올라 어린 아이들에게 멋진 팬서비스를 하고 있다. 사육사는 어떤 방법으로 사자들을 바위 위에 올라가게 한 것일까? 이 상황을 우리 팀에 대입해 보자.

사육사를 팀장, 사자들을 구성원, 바위 위에 올라 포효하며 어린 아이들을 행복하게 만드는 것을 성과라고 생각해 보자.

당근

"먹을 것을 바위 위에 올려두어 올라가게 하지 않았을까요?" 냉동 아니면 기껏 냉장 고깃덩어리를 먹으려고 사자들이 차가운 바위 위로 올라가지 않는다. 현실성이 없는 이야기지만 살아 있는 신선한 톰슨가젤을 묶어 놓았다면 모를 일이다. 톰슨가젤을 묶어 놓아도 잡아먹고는 춥다고 바로 내려올 것이다. 요즘 기업 환경에서 팀장이 성과를 내도록 구성원들에게 해줄 수 있는 당근이 별로 없다. 연봉 인상, 좋은 평가, 승진이 더 이상 매력적인는 당근이 아니다. "승진 안 해도 됩니다. 월급 조금 덜 받고 워라밸을 선택하겠어요."라고 말한다. 무엇보다 팀장에게 톰슨가젤 같은 매력적인 당근도 없다.

채찍

"몽둥이로 때려서 바위 위에 올라가게 하지 않았을까요?" 추위에 벌벌 떠는 사자들이 몽둥이로 몇 대 때린다고 바위 위로 올라가지 않는다. 지금까지 사육사가 때리면서 키우지도 않았다. 게다가 귀한 동물들을 다치게 했다가는 무슨 징계를 받을 지도 모른다. 요즘 기업환경에서 팀장이 구성원들에게 사용 할 수 있는 채찍이 별로 없다. 질책하고 혼내는 것으로 행동변화 를 이끌기 어려워졌다. 무엇보다 팀장이 채찍을 휘둘렀다가 더 큰 저항과 책임을 져야 할 수도 있다. 구성원에게 모욕이나 협 박을 하는 것은 말도 안 되는 일이고 정당한 질책조차도 모욕 이나 존중 부족으로 팀장이 곤경에 빠질 수 있다.

자발적 각성

"사자들이 스스로 각성해서 어린 아이들을 행복하게 해주려 고 올라간 건 아닐까요?" 이 책에서 보기 드문 웃음코드다. 팀 장 중에는 종종 자신의 과거를 떠올리며 구성원들도 나와 같을 것이라고 기대하는 사람이 있다. 개인의 삶을 희생하며 일했 던 과거를 떠올리며 고객과 조직을 위해 자발적으로 몰입했던 나처럼 되기를 기대한다. 지금은 과거처럼 회사와 일이 인생 의 전부인 시대가 아니다. 워라밸 이야기를 할 필요도 없다. 누 구나 하루 8시간, 주 40시간 일하는 근로시간 단축 시대다. 사 람들은 개인의 삶과 일에 비슷한 시간을 배분한다. 구성원들이 자발적으로 각성하기가 더 어려워졌다.

환경 조성

당신이 정보에 민감하고 공부하는 팀장이라면 답을 알 것이다. 사육사가 바위에 온돌을 깔아 따뜻하게 해 놓은 것이다. 사자들은 바위가 따뜻하니 스스로 올라가 포효하고 어린 아이들은 행복하게 사자들을 본다. 회사의 지원이 부족하다고 한탄하면서 구성원들에 대한 불만과 미움을 쌓을 필요가 없다. 목표 달성을 위해 일하기 좋은 환경을 조성하는 것이 팀장의 리더십이다. 뉴노멀 시대의 슬기로운 팀장생활, 워크 트랜스포메이션은 직원들이 자발적으로 몰입하게 하는 환경을 조성하는 방법론이다.

팀장은 구성원들의 뒤에 서서 전투를 지휘하는 지휘관이 아니다. 구성원들의 맨 앞에서 가장 힘겹게 전투를 이끄는 선봉장이다. 한 마리의 양이 이끄는 백 마리의 사자무리보다 한 마리의 사자가 이끄는 백 마리의 양떼가 더 무섭고 강하다.

이 책이 전문가들의 놀이터를 만들고 싶은 팀장에게 도움이 되었기를 바란다.

뉴노멀 시대의 슬기로운 팀장생활을 위한 워크 트랜스포메이션

더 스마트 (THE SMART)

초판 1쇄 인쇄 2020년 09월 29일
초판 4쇄 발행 2024년 08월 23일

지은이 정진호, 최준오
펴낸이 최익성
기획 강송희
편집 최미근
마케팅 임동건, 임주성
마케팅 지원 안보라
경영지원 이지원, 임정혁

펴낸곳 플랜비디자인
디자인 올컨텐츠그룹

출판등록 제2016-000001호
주소 경기도 화성시 동탄첨단산업 1로 27 동탄IX타워 A동
전화 031-8050-0508
팩스 02-2179-8994
이메일 planbdesigncompany@gmail.com

ISBN 979-11-89580-50-6 03320

※ 이 도서의 국립중앙도서관 출판예정도서목록(CIP)은 서지정보유통지원시스템 홈페이지(http://seoji.nl.go.kr)와
   국가자료종합목록 구축시스템(http://kolis-net.nl.go.kr)에서 이용하실 수 있습니다. (CIP제어번호 : CIP2020040539)